我国经济法原理
研究与实务分析

赵佳煊　著

中国水利水电出版社
www.waterpub.com.cn
·北京·

内 容 提 要

随着我国社会主义市场经济的不断发展,建立和完善我的经济法体系成为刻不容缓的任务。

本书对我国经济法进行了探究,并通过案例进一步对相关法律内容进行了分析。本书首先在整体上对经济法进行概括分析,之后在每个章节根据具体的经济法内容进行进一步分析。

本书希望帮助读者更好地理解经济法,并可以从书中获得有价值的信息,帮助他们在社会实践中可以灵活应用相关法律。

图书在版编目(CIP)数据

我国经济法原理研究与实务分析/赵佳煊著.—北京:中国水利水电出版社,2017.10 (2024.10重印)

ISBN 978-7-5170-5985-1

Ⅰ.①我… Ⅱ.①赵… Ⅲ.①经济法－研究－中国

Ⅳ.①D922.290.4

中国版本图书馆 CIP 数据核字(2017)第 262515 号

书 名	**我国经济法原理研究与实务分析** WO GUO JINGJIFA YUANLI YANJIU YU SHIWU FENXI
作 者	赵佳煊 著
出版发行	中国水利水电出版社 (北京市海淀区玉渊潭南路 1 号 D 座 100038) 网址:www. waterpub. com. cn E-mail:sales@waterpub. com. cn 电话:(010)68367658(营销中心)
经 售	北京科水图书销售中心(零售) 电话:(010)88383994、63202643、68545874 全国各地新华书店和相关出版物销售网点
排 版	北京亚吉飞数码科技有限公司
印 刷	三河市天润建兴印务有限公司
规 格	170mm×240mm 16 开本 18 印张 233 千字
版 次	2018 年 8 月第 1 版 2024 年 10 月第 3 次印刷
印 数	0001—2000 册
定 价	85.00 元

前　言

经济法调整经济关系，这个概念在我国出现得较晚。1979 年 6 月，全国人民代表大会五厉二次会议的官方文件提出："随着经济建设的发展，我们需要制定各种经济法。"第九届全匡人民代表大会将经济法确立为我国法律体系中七大法律部门之一，与宪法及宪法相关法、民商法、行政法、社会法、刑法和诉讼与非诉讼法（程序法）并列。随着我国法律体系的基本形成和逐步完善，以及社会主义市场经济的进一步深入发展，我国的经济立法也在不断发展和完善。经济法是对经济关系进行调整的一门法律，它可以帮助维护我国社会主义市场经济秩序，推动我国社会主义市场经济的健康发展。

本书积极吸收借鉴国内外经济法学和相关学科的最新研究成果、经济法制度建设的新鲜经验及较成熟的理论研究成果，并尽可能深入浅出地对经济法予以阐述。同时，本书结合社会实践，生动且直接地对经济法的规定、条例进行分析。通过理论知识与实务案例的有机结合，理论结合实际地对经济法进行了研究，可以开阔读者视野、提高读者的经济法理论水平和从事经济法实务的能力。

本书共八章，从经济法旳基础理论开始进行分析说明，之后就细分法律进行进一步分析，并辅以案例分析，结合实际对经济法进行研究。第一章主要是对经济法的基础理论进行介绍，其中包括经济法的概念和基本原则、体系和地位、法律关系和责任，从整体上对经济法进行了介绍；第二章主要是对公司法进行分析，首先对公司法的制度和理论进行分析，随后再通过案例进一步强化对知识的渗透;第三章对我国税法进行分析,其中包括流转税法、所得税法、财产和行为税法、资源税法;第四章对金融法进行研究分析,其中对中央银行法律、商业银行法律、票据法律和证券法律进行了较为具体的分析;第五章对我国的对外贸易法进行研究分析,包括货物贸易、技术贸易、服务贸易以及涉及外贸的知识产权保护等方面;第六章针对市场管理法进行研究分析,主要对产品质量法、反不正当竞争法和反垄断法、消费者权益保护法、价格法进行说明,并辅以案例分析;第七章主要是对财政法的分析,包括预算法、国债法等,这部分法律也是经济法的重要组成部分;第八章对经济争端解决法进行分析,主要介绍经济仲裁和经济诉讼两种解决方式,并通过案例对相关法律进行实际研究分析。

在撰写本书的过程中,参考了相关专家、学者的著作、论文,从中获得了许多有益的成果、见解,谨致以诚挚的谢意。由于作者水平有限,书中难免有不妥之处,敬请同行专家、学者和广大读者批评指正。

作者

2017 年 7 月

目　录

第一章 经济法基础理论

经济法是一个单独的法的部门,其主要任务是对社会主义商品经济关系进行整体、系统、全面、综合调整。在目前这个阶段,经济法主要是对社会生产和再生产过程中,以各类组织为基本主体的经济管理关系和一定范围的经营协调关系进行调整。

第一节 经济法的概念和基本原则

经济法一词早就被提出,但随着社会的不断发展,现在的经济法一词已经和它最初被提出时的含义有了很大变化。

一、经济法的概念

(一)经济法概念的由来

1.经济法的提出

经济法,一般被认为最早是由法国空想社会主义者摩莱里在1775年发表的名著《自然法典》里提出的。摩莱里认为,形成私有制的原因就是社会产品分配的弊端,所以他构建未来公有制社会蓝图时,主要在社会产品分配方面进行研究,并做出了相关规定。所以在摩莱里的《自然法典》中提到的"经济法",只是关于分配领域的一种设想,具有很强的局限性,并没有引起社会的广泛关注。

— 1 —

2.《公有法典》中对经济法的使用

德国空想社会主义者德萨米在 1842 年出版了《公有法典》，在此书中他也用到了"经济法"的概念。《公有法典》中讨论"根本法"的部分中，德萨米对摩莱里的一些论断表示了赞同。在摩莱里提出的观点的基础上，德萨米认为社会产品的最佳分配方式是按合适的比例进行平等分配。

法国空想社会主义是马克思主义的三个来源之一，其本身具有十分重要的理论意义。摩莱里和德萨米的经济法思想都具有"空想"的属性，但其具有的理论意义却十分重要，所以他们提出的关于经济法的思想理论应该得到继承和发展。

然而，摩莱里提出的经济法的概念已经不能适应当今的社会和经济状况。在当代社会，经济法不可能单纯地与产品分配法画等号，但它们之间又存在着某种内在的联系。当今的经济法概念可以说是对摩莱里和德萨米经济法思想的继承和重大发展。

当代大多经济法学者认为，经济法是用于调整特定经济关系的法律规范的总称，即调整物质利益关系的法律规范的总称，其目的是帮助实现各个经济法主体在物质利益分配中公平合理地获得利益。从这个层面来说，经济法实质上就是分配法。

3. 蒲鲁东对经济法的使用

1865 年，蒲鲁东发表了《工人阶级的政治能力》，在此书中他提到"经济法是政治法和民法的补充和必然产物"。蒲鲁东认为，引起贫穷和犯罪的根本原因就是经济遭到破坏，所以他提出经济法可以作为社会的治疗救济的手段，通过遵守相互性法并由此向经济法回归的方式进行社会救治。

从蒲鲁东提出的经济法概念的阐释中我们可以看出，在实际的社会生活中存在政治法和民法无法进行调整的经济关系，要对这种关系进行调整必须通过经济法发挥作用，所以经济法必须既可以体现国家政治权力，又可以体现经济自主原则。这里对经济法的阐释已经较为接近近代意义上的经济法概念了。

4.经济法在德国的出现

1916 年,德国学者赫德曼在《经济字典》中使用了经济法的概念,他认为经济法是经济规律在法律上的反映,揭示了经济法产生的客观必然性。第一次世界大战后,为了快速恢复经济,德国政府颁布了一系列法律法规,例如《煤炭经济法》《碳酸钾经济法》等。虽然这些法规可以帮助德国较为快速地恢复战后经济,但是这需要通过国家对经济的干预和调控。这种行为在当时引起了德国学界的广泛关注,各位学者展开了对经济法的概念及相关理论问题的探讨和研究。以此为契机,经济法这一概念在德国开始广泛流传,随后传播到其他国家并开始逐步被接受和使用,从而成为各国通用的法律概念。

5.经济法在我国的出现

为了保证经济快速增长,在新中国成立初期我国采用的是社会主义计划经济制度,这个时期的经济法调整内容都是包含在强大的行政法体系之下的。1979 年,在全国人民代表大会和中共中央,国务院的文件以及在第九届全国人民代表大会常务委员会制定的五年立法规划中,开始正式使用经济法的概念。1980 年,普通高等院校法律专业开始开设经济法课程。

(二)经济法的定义

经济法的概念是经济法学的基本范畴,是经济法学体系和结构的支柱,也是经济法理论研究的逻辑起点。对经济法概念进行科学合理地界定,是保证科学构建经济法理论框架的基础,还直接关系到经济法能否成为独立存在的法律部门。所以,为了对经济法进行研究,就不可避免地要对经济法概念进行揭示与探讨,以弄清经济法的特征和本质。

1.经济法属于法的范畴

经济法是由法律规范构成的,具有特定调整对象的法律规范的总称。所以,经济法同样是在法的范畴内,它与其他部门之间具有普遍的联系。

2.经济法具有公法的性质

经济法是国家对市场和经济进行干预的法律,其本位是社会整体利益,所以经济法应归于公法的范围。

需要注意的是,国家对经济和市场的干预行为并不是直接对经济主体的生产经营活动进行干预,而是要保证对经济主体生产经营自主权充分尊重,在此基础上使用一些间接手段对经济和市场进行引导。

3.经济法是一个独立的法律部门

经济法的调整对象是经济关系,这种关系是在国家协调本国经济运行过程中发生的。所以,经济法与国内法体系中的民法、行政法等一样,是一个独立的法律部门。

综上,经济法可以简单定义为:经济法是调整经济关系的具有公法性质的法律规范的总和。

(三)经济法的特征

1.综合性

(1)调整手段的综合性

经济法将各种法律调整手段进行有机结合,综合运用于对经济关系的调整。经济法一般会使用多种手段作用于某一经济领域,例如民事、行政、刑事、专业及技术等多种手段的综合运用,并以此达到维护社会经济秩序的目的。

（2）规范构成的综合性

经济法包括若干部门经济法，以及法律、法令、条例、细则和办法等多种规范形式的经济法律规范。其内容包括实体法规范以及程序法规范。在强制性上，包括强制性规范和任意性规范，以及指导性规范和诱导性规范等。

（3）调整范围的综合性

经济法调整社会关系中的经济关系，同时包括宏观经济领域的管理和调控关系，以及微观经济领域的管理和协作关系。

2. 经济性

首先，经济法一般会将经济制度、经济活动的内容和要求直接规定为法律。其次，经济法是对经济生活中的基本经济规律的反映，服务于经济基础，由经济基础决定，受到经济基础的制约。经济法的立法并不由立法者的主观意志所决定，而是由客观经济条件以及当前的经济形势所决定的。最后，经济法的调整手段一般多为经济手段，也就是将经济规律和经济现实作为基础，从而确定的具有经济内容的手段。

3. 行政主导性

经济法是国家对经济活动进行管理和干预的手段，是国家参与经济关系的产物，所以经济法的实施过程显示的是国家的特殊意志，具有行政主导性。经济法在调节经济关系时，在法律上体现出国家的特殊意志，所以它体现了法的强制性、授权性、指导性。经济法有很多强制性的限制和禁止性规定，以此对经济主体的行为进行规范，以此来限制或者取缔某种经济活动和某种经济关系的发生或者存在。同时经济法还会通过奖励与惩罚并用的方式作用于经济主体，促进其行为符合社会经济利益的整体需要，促进经济关系的建立和发展，为处理经济纠纷提供相应的依据。

4.政策性

经济法是国家自觉参与和调控经济的重要手段。经济法的一项重要任务就是实现经济体制和经济政策的要求,这就导致其具有鲜明的政策性色彩。经济法会根据国家意志赋予相应的政策法律效力,并会随着政策的变化进行调整,其执法和司法力度会受到政策的影响。

二、经济法的基本原则

(一)遵循客观规律原则

客观规律指存在于客观事物之间的,内在的、必然的、本质的、不为人们意志所转移的联系。遵循客观规律,首先要保证遵循客观经济规律的要求,通过经济立法,将其转化为经济法律规范,使它可以对国家和企业在经济管理中的行为进行规范。其次要遵循自然规律。自然规律体现的是人与自然之间的客观联系,想要实现经济与社会的和谐发展,就需要遵循自然规律进行发展。国家会制定一系列法律法规和相关政策,对人与自然的和谐发展进行规定,例如环境保护法、自然资源和能源法以及一些技术监督法规等,通过将自然规律技术规范上升为法律规范,保证在发展经济的同时注重环境保护,为人们赖以生存的自然环境提供保障,提高国际竞争能力。

(二)保护、促进社会主义市场经济原则

我国实行的是社会主义市场经济,它是社会主义公有制与市场经济的结合。我国实行的社会主义市场经济是在国家宏观调控下,将市场调节作为基本配置资源的方式。我国曾经受到长期的计划经济的影响,更习惯于通过指令性计划等行政手段进行资源配置。为了促进经济体制的加速转型,就应该建设和完善经济

立法,通过法律为社会主义市场经济体制提供可靠的保障,保障供求机制、价格机制、竞争机制等市场机制可以充分发挥其作用。

1.保障和促进市场竞争原则

市场经济下必然存在竞争,通过竞争机制、价格机制、供求机制等之间的交互作用实现资源的优化配置。

首先,要遵循诚实守信的基本原则,保证不通过非法、不正当的手段参与市场竞争,不通过损害竞争对手的利益而获得利益。其次,国家和相应的管理机关要努力创造公平、合理的竞争环境和条件,使相关法律可以在市场中充分发挥其作用,使社会机能充分发挥作用。最后,对不正当竞争进行严厉的限制和打击,加大力度维护交易秩序。不正当竞争会破坏正常的交易规则,也会侵害正当经营者的合法利益。因为我国在过去很长一段时间内实行的是高度集中的计划经济体制,所以对于不正当竞争习以为常,在一些行业或领域甚至存在支持、怂恿不正当竞争的现象,这就会出现行业、地区垄断的不良现象。所以,为了维护正常的市场秩序,就必须对那些不正当的竞争行为进行严厉地处理。

2.国家适度干预原则

国家适度干预原则体现了经济法的本质特征。因为当今市场有"市场失灵"的问题存在,所以仅靠市场的自发调节不能根本有效地对市场上存在的垄断、产品质量、消费者利益保护等问题进行调节,必须依靠国家通过一系列经济手段对市场经济进行适度干预,才能保证市场顺畅运行。经济法所体现的国家适度干预原则主要提出了两个方面的要求。

（1）正当干预

首先,要保证干预者的权力来源于法律规定。例如,税收是国家进行经济干预的一个重要手段,它可以促进资源的优化配置,促进社会公平的实现。税收必须依法进行,不可以被人为意志所左右。国家必须按照法律明文规定征税,没有经过法律程序不可以开征新税种。故国家对社会经济进行干预时,必须要有相应的法律依据。其次,国家在进行经济干预时,必须保证符合法律规定的程序。我国在曾经的发展历史中呈现出重实体、轻程序的特征,而现代经济法对程序的法治化建设要求很高,强调国家干预必须按照规定的程序进行运作,以确保相关决策实施的科学性和民主性。

(2)谨慎干预

市场经济体制是以市场调节为基础进行资源配置的,如果过度干预,就会导致市场机制的作用被削弱,违背市场经济的本质原则。在对市场经济进行干预时,如果不注意力度、深度和范围的把握,就会造成市场机制的负面作用无法消除,以致于不能维护社会和国家的整体利益。

3.经济效益和社会效益相结合原则

经济法的一项主要任务就是提高经济效益,同时也要兼顾社会效益。社会中存在一些过于重视物质利益,而忽视整体利益、长远利益的现象。为了防止、减少和消除这些现象带来的不良后果,需要立法进行规范。通过建立和健全社会保障制度和分配制度,在保证经济效益可持续提高的同时,保证社会的稳定发展。

4.权、责、利统一原则

权、责、利统一原则,是指经济主体与国家之间、不同经济主体之间,权利、责任、利益相统一的原则。"权"指经济权利,是与自身义务相对应的合法经济权利;"责"指责任,是违反经济义务需要承担的法律不利后果;"利"指经济利益。权、责、利在经济关系中是不可分割的,不能独立存在的。权、责、利的统一关系是指,经济权利为基础,经济责任为前提,经济利益为动力。可以理解为,在拥有经济权利的基础上,获取利益和承担责任;在承担经济责任的基础上,获取利益和行使权力;将经济利益作为动力的前提下,行使权利和承担责任。

为了贯彻和实行权、责、利统一原则,应该做到以下几点:

(1)经济立法,必须兼顾国家、经济组织的经济利益

社会经济关系中主体的多元化,会通过经济利益的多元化表现出来,会表现为国家、经济组织各自的自身利益。在现实的社会生活中,各经济主体之间会发生利益上的冲突和矛盾。经济法要协调经济主体之间的经济关系,正确处理各种矛盾。

(2)实施经济责任制

为了保证经济法具有实际意义,就需要完善经济责任立法。要保证经济立法中的责任不是泛泛之词,而是具体的责任。因此,应该建立健全责任追究制度,维护交易市场的稳定与安全。

(3)建立有效的国有资产管理、监督和营运机制

在国家经济层面,要建立和完善相关的运营、管理和监督机制,保证国家资产的保值增值,严防国有资产的流失。

第二节　经济法的体系和地位

经济法体系是指经济法法律部门的组成。可以按照不同的方式进行分类,目前并没有定论一定要按照某种方法进行分类。下面将对经济法体系的一些分类方法进行简单介绍,并对经济法在我国法律体系中的地位过行分析和阐述。

一、我国的经济法律体系

经济法的体系可以按照不同的方法进行构建。有的学者将经济法分为三个部分,即综合经济法律制度、部门经济法律制度和经济组织法律制度。综合经济法律制度包括计划、财政、金融、土地和其他自然资源、经济合同、市场管理、会计、统计等制度;部门经济法律制度包括对工业、农业、商业、交通运输、旅游等行业的管理制度;经济组织法律制度则包括各类企业制度。有的学者

认为可以按照企业组织法、市场运行法、经济纠纷的处理、涉外经济法、经济调控和监督法的架构来建立经济法体系。其中,市场运行法包括经济和技术合同法、专利法、产品质量法、商标和广告法、消费者权益保护法、反不正当竞争法等;经济调控和监督法包括计划、固定资产投资、国有资产管理、统计、审计等法律制度;经济纠纷的处理包括调解、仲裁和诉讼等内容。有的学者认为可以按照经济组织法、经济仲裁和经济司法、经济管理法、经济和技术合同法的方式对经济法进行分类。

在搭造经济法的体系时,要保证其在经济法调整的范围内,按照经济的内在逻辑进行体系构建,尽量避免和减少重合缺漏,使整个体系结构清晰。按照经济关系及其经济法调整的内在逻辑,可以将经济法大致分为三个部分,即经济组织法、经济管理法和经济活动法。经济仲裁和诉讼是完整的程序法律制度,不需要归入经济法部门中。在一些相关的经济法规中,可以涉及或包括一些与实体权利、义务有紧密联系的程序性规范。

经济组织法主要指企业法。企业是经济活动的主体,为经济活动的开展提供了前提,同时是经济管理面对的主要对象。企业法可以看作经济法的起点。由经济法调整对象的国家意志性出发,企业法作为经济法,主要是指特殊企业、公有制企业和公有主体联合投资经营的法律制度。而体现当事人的意志、满足私人投资者权益为目的的自然人独资、合伙等联合投资经营的法律制度,一般属于民商法的内容。可以看出,公司法是中性组织制度。从调整公有财产和公有主体投资经营的角度来看,公司法是经济法;在市场主体一般地自由结社、权益抗衡协调的角度来看,公司法是民商法。除了企业法外,中央银行法、经济性行业组织法等法律均属于经济组织法。对于农村、社区合作组织的管理,一般会通过相应的政策进行调整,但是这对于农村土地经营以及建立乡村企业有着很重要的实际意义,其现实的制度也是经济法的组织制度。

经济管理法是经济法的核心内容,它可以分为两个部分,即综合职能管理制度和行业管理制度。综合职能管理制度包括规划和产业政策、金融和外汇管理、财税和预算内投资等法律制度。行业管理制度包括工业、农业、商业、运输业等特定产业管理法律制度。

经济活动法的任务是对经济主体间的权利、义务关系进行协调,包括经济合同法、竞争法和消费者权益保护法等内容。经济法的调整对象是有国家意志直接参与或国家直接参与的经济活动。经济合同关系是指由上述的经济活动产生的正常经济关系。经济活动法范围内的竞争关系和消费者权益保护关系,是指国家为了维护市场经济的稳定运行、对不合理现象进行纠正管理产生的市场经济关系及其效果而形成的法律关系。

需要强调的是,对于法的部门的划分以及对其内部的再划分都是相对而言的,经济法不可能只分为经济组织法、经济管理法和经济活动法三个部分。这种划分方式只是按照一定标准、从一定角度出发所进行的相对科学合理的划分。

二、经济法在我国法律体系中的地位

(一)经济法是一个独立的法的部门

在我国,经济法学界一致同意经济法是一个独立的法的部门的理论,在整个法学界中这一论断也得到了绝大多数人的认可。

凡调整特定社会关系的全部现行法律规范,就组成一个独立的法的部门。因为法律规范要对多样的社会关系进行调整,所以法的体系是由多个法的部门组成的。按照法律规范的调整对象,可以将现行法律进行划分,在法学上,划分出的每一类现行的法律规范都称为一个独立的法的部门。由此可以看出,独立的法的部门需要有自己特定的调整对象,法的调整对象就是进行法的部门划分的标准。

因此,想要判断经济法是否可以作为一个独立的法的部门,就要明确经济法是否拥有其特定的调整对象。经济法是具有其特定的调整对象的。首先,经济法的调整对象具有特定的范围。经济法的调整对象的范围是在国家协调的本国经济运行过程中发生的经济关系,经济法不对其他经济关系和非经济关系进行调整。其次,经济法的调整对象与其他部门的调整对象是可以分开的。就是说,经济法调整的对象在国家协调的本国经济运行过程中发生的经济关系是有自己的特征的,与其他法的部门的调整对象不会发生交叉和重叠的现象。由此可以说明,经济法可以作为一个独立的法的部门。

也有人提出对于法的部门的划分,可以将调整对象作为主要标准,同时通过其他调整方法进行辅助。在进行法的部门的划分时,要保证同一次划分法的部门必须按照相同的标准进行,不可以在同一次划分结束前进行划分标准的改变。如果在进行同一次划分法的部门时,对调整对象、调整方法等不同的标准进行交叉使用,就可能造成划分出的部门存在外延互相交叉,部门界限不清的现象。这种"多标准交叉划分",会导致通过划分得到的法的部门无法实现明确法这一概念的外延的目的。

(二)经济法与相关法的关系

1.经济法与民法

(1)经济法与民法的联系

①在调整对象方面。经济法与民法都具有各自特定的调整对象,调整的对象都是在一定范围内的经济关系。

②在渊源方面。经济法与民法的渊源,都包括宪法、法律、法规、规章等规范性文件和习惯法、判例法、法定解释。

③在独立地位方面。经济法和民法都属于国内法体系,都是独立的法的部门。

④在作用方面。经济法和民法在保护当事人的合法权益,维护经济稳定发展,推动国民经济发展方面,都起到了重要的作用。

（2）经济法与民法的区别

①调整对象不同。经济法的调整对象是在国家协调的本国经济运行过程中发生的经济关系，它不对除此以外的经济关系和非经济关系进行调整。民法调整的对象是民事关系，是对作为平等主体的自然人之间、法人之间、其他组织之间，以及各主体相互之间发生的财产关系和人身关系进行协调。

②法律关系主体不同。经济法的主体包括协调主体和协调受体，其中包括国家机关、市场中介组织、经济组织、农户、个体户等。民法的主体是自然人、法人和其他组织。

③作用不同。经济法是国家对本国经济运行进行协调的手段，其作用的重点在于维护国家利益和社会公共利益，与此同时，保护组织和个人的合法利益。民法是进行市场调节的法律，其作用的重点在于保护自然人、法人和其他组织的合法利益，与此同时，对国家利益和社会公共利益进行维护。

④调整方法不同。经济法在对经济关系进行调整时，针对经济法主体的不同行为会采取不同的调整方式，对于积极的行为进行鼓励，对于违反规定的行为进行惩罚。经济法在对那些违反法律规定的经济法主体实施惩罚，会追究该主体的经济责任和非经济责任。经济惩罚是指从经济方面加以处罚，例如索取罚金；非经济惩罚是指剥夺或限制主体的某些行为、资格，或是对其名誉或是人身造成影响等。民法对于违反其规定的法律主体一般会采取民事手段进行惩处。

可以看出，经济法与民法之间既有联系又有区别，二者皆属于国内法体系，属并列关系，不存在从属或交叉的关系。

2. 经济法与商法

（1）我国形成"商法"部门是否具有必要性

我国是否需要形成一个"商法"部门的问题，需要结合理论和实际进行探讨。对于我国法学的发展以及我国法制建设发展来说，这个问题都是需要解决的。就目前的研究结果表明，不论是认为我国有必要形成一个"商法"部门的观点，还是认为我国不需要形成一个"商法"部门的观点，都没有具体、系统、有充分说服力的理论和现实依据体系支撑。

主张形成"商法"部门的学者在有关论著中提出的论据主要有以下三个：第一，实行"民商分立"的国家同时制定了《民法典》和《商法典》，这就证明这些国家明确了商法是一个独立的法的部门的法律地位，所以我国也应该实行"民商分立"，并制定《商法典》，承认商法是一个独立的法的部门。第二，中共十四届三中全会中提出的《关于建立社会主义市场经济体制若干问题的决定》中明确提出了我国应该进一步完善商法，在此之前，我国对于商法的概念并没有使用过。第三，使商法成为一个独立的法的部门，可以促进商品经济的发展，是实行市场经济的需求。

主张"商法"不需要形成一个法的部门的学者对于以上说法进行了反驳。

第一，在我国没有必要制定《商法典》。因为我国和一些西方国家存在历史和现实情况上的区别，所以在民事、商事立法方面我国和这些国家会出现不同的立法模式。一些国家并没有制定《民法典》和《商法典》；一些国家只制定了《民法典》，没有制定《商法典》；一些国家同时制定了《民法典》和《商法典》。我国在制定自己的法律时要根据我国的基本国情，不可以直接照搬国外的做法，只是将外国先进的立法方式作为一个参考。对于是否要制定《商法典》，是否要将商法作为一个法的部门，需要考虑我国的自身条件，要看何种方法可以更好地推动我国国民经济的发展。

最初商事立法的目的是为了保护商人阶级的特殊利益，但是经过社会不断发展以及社会化大生产，普遍商业化现象开始出现和发展，生产职能与流通职能也开始相互渗透。在这样的背景下，商人与非商人之间、商业行为与其他经济行为之间的界限不再像曾经那样清晰，而所谓的商人阶级的特殊利益也就不存在了。我国民法学者提出，就我国目前实际状态来看，将我国的企业和公民直接分成商人和非商人两部分是不实际、不可行的，将目前社会中存在的商品经济活动直接分为商事行为和民事行为也是不可行的，所以说我国当前并不需要将商法作为单独的法的部门。

第二，制定《商法典》不代表形成"商法"部门。按照法理学来看，制定法典与形成一个独立的法的部门是不存在必然联系的。即使不制定《民法典》《经济法典》《行政法典》等相关法典，也可以将民法、经济法、行政法等作为独立的法的部门。反之，即使制定《商法典》等法典，也不一定会成立相应的法的部门。独立的法的部门是指对同一类社会关系进行调整的法律规范的总称，不是有规范性文件就可以形成独立的法的部门的。

第三，建立和完善商事法律并不意味着"商法"部门就此成立。《关于建立社会主义市场经济体制若干问题的决定》中指出，在保证严格遵守宪法规定的原则上，推进我国的经济立法事务，并重视民商法律、刑事法律等方面法律法规的建立和完善。在文件中提到的民商法律是指民事法律和商事法律，需要明确的是商事法律不等同于商法。即使颁布了数量很多的商事法律，也不可以说已经形成了商法部门。对商事法律进一步完善，并不代表要形成商法部门。

第四，若要形成"商法"部门，就需要具有特定的调整对象。关于商法有很多种定义，对这些定义进行总结，可以将其大致分为两类，一类是就其内容进行定义，一类是就其调整对象进行定义。最具代表性的根据商法内容进行定义的是，商法是关于商人和商行为的法律。最具代表性的根据商法的调整对象进行定义的是，商法是调整商事关系的法律规范的总称。对于商事关系的解释也并没有统一的定义，根据商法学者普遍认可的方式进行解析，可以将商事关系理解为那些关于商事主体和商事行为的法律法规所调整的经济关系。但是以上所说的调整对象是属于民法和经济法的调整对象的范围，所以商法的调整对象不属于特定的调整对象，即使有很多调整这些关系的相关法律，也不能形成单独的法的部门。

第五，从中国经济发展的现实需要来看，不需要形成"商法"部门。目前，我国根据基本国情和市场经济需求，形成了民法和经济法两大法的部门，通过这两个部门可以对社会主义市场经济关系进行全面调整，二者可以充分发挥各自的功能，同时可以紧密联系，共同引导、推进和保障社会主义市场经济体制的建立和完善，促进国民经济快速、平稳发展。商法的调整对象本来就在民法和经济法的调整对象范围内，所以没必要将这一部分单独提出成立一个单独的法的部门。并且，一些研究学者认为，目前我国还没有建立商法部门的客观条件和法学基础。

（2）经济法与规范性文件意义上讲的"商法"的关系

按照一些研究者的说法，商法的规范性文件主要包括公司、票据、保险、海商等方面的规范性文件。可以大致将这些文件分为两类法律规定，一类是关于商事主体的，一类是关于商事行为的。其中关于商事主体的法律规定主要调整的关系包括，在商事主体进行设立、变更、终止行为时产生的经济管理关系、市场交易关系；在商事主体进行内部管理时产生的经济关系。关于商事行为的法律规定主要调整的关系包括，在商事主体进行市场交易时所产生的经济关系；在商事主体进行市场监管时产生的经济关系。

上面提到的市场交易关系的调整属于民法的调整范围，调整市场交易关系的法律法规，实际上是民事法律规范，所以这一部分应该归于民法部门。上面提到的经济管理关系的调整属于经济法的调整范围，调整上述经济管理关系的法律规范，实际上是经济法律规范，所以这一部分应归于经济法部门。

3. 经济法与行政法

（1）经济法与行政法的联系

①从调整对象的角度看。经济法与行政法都具有各自特定的调整对象，它们都是对一定范围内的管理关系进行调整的法律。经济法与行政法的调整对象都是具有服从性的社会关系。

②从渊源的角度看。经济法与行政法的渊源,都包括宪法、法律、法规、规章等规范性文件和习惯法、判例法、法定解释。

③从独立地位的角度看。经济法与行政法都属于国内法,是对国内一定范围内的管理关系进行调整的法律,二者均为独立的法律部门。

④从作用的角度看。国家颁布并实行经济法与行政法都是为了保护国家的利益以及社会公共利益,二者对于推动国家的经济发展以及促进社会进步都起到了积极作用。

(2)经济法与行政法的区别

①从调整对象的角度看。经济法是一种对本国经济运行过程中发生的经济关系进行调整的法律,该经济关系是一种经济管理关系,例如市场监管关系和宏观调控关系等都属于上述经济关系。行政法是对本国的行政管理关系进行调整的法律,它不对经济管理关系进行调整。如果利用行政法对经济管理关系进行调整,就会导致政府与企业之间职责不分,就不能进行合理有效的调整。这是因为,行政法发生作用需要通过行政层次、行政区划和行政手段,在这样的前提下,企业会直接成为国家和政府的附属组织,企业在市场中的作用不能得到充分发挥。利用行政法对经济关系进行调整是不符合我国经济体制改革方向的,也不利于我国国民经济的发展。

②从法律关系主体的角度看。经济法的主体包括两个部分,分别为协调主体和协调受体。经济法的协调主体是指一国的国家机关,国家权力机关以及国家行政机关都属于国家机关。行政法的主体包括行政主体、行政相对人和其他行政法主体。行政法的行政主体是指一国的国家行政机关,以及通过授权得到相应权利的相关组织机构。

③从作用的角度看。经济法作用于经济关系,是针对一国的经济体制发挥作用的法律,可以引导和推进经济的发展,并可以提供相应的保障。行政法作用于行政关系,是针对一国的政治体制发挥作用的法律,可以引导和推进政治体制的发展变革,可以

为此提供保障。经济法相较行政法可以更为直接地作用于国家经济,对国民经济的发展有更明显的作用。

可以看出,经济法与行政法相互联系,又有所区别,二者都是国内法体系,它们属于并列关系,不存在从属和交叉的关系。

4.经济法与国际经济法

(1)经济法与国际经济法的联系

①从调整对象的角度看。经济法与国际经济法都具有其各自特定的调整对象,二者都是对国家协调的经济运行过程中发生的经济关系进行调整,对于除此以外的经济关系和非经济关系不进行调整。

②从渊源的角度看。经济法和国际经济法的主要渊源都是规范性文件。

③从法律关系主体的角度看。经济法与国际经济法的法律关系主体同样包括个人、企业和非企业实体。其中,非企业实体是指政府事业单位、社会团体等组织。

④从独立地位的角度看。经济法与国际经济法都属于独立的法律部门,它们都有特定的调整对象。

⑤从作用的角度看。经济法与国际经济法都是对经济关系进行调整的法律,它们的颁布实施都是为了维护社会经济秩序稳定、推动经济发展,是作用于经济关系的有效法律部门。

(2)经济法与国际经济法的区别

①从调整对象的角度看。经济法是对在国家协调的本国经济运行过程中发生的经济关系进行调整的法律,也就是指它的调整对象限定于本国调整的经济关系。国际经济法是对在两个或多个国家共同协调的国际经济运行过程中发生的经济关系进行调整的法律,也就是指它的调整对象是国际经济关系。

②从渊源的角度看。经济法的渊源,包括宪法、法律、法规、规章等规范性文件和习惯法、判例法、法定解释。国际经济法的渊源包括条约、国际组织制定的规范性文件和国际习惯法。需要

注意的是,在规范性文件中提到的涉外经济法律、法规、规章属于经济法的渊源,而不属于国际经济法的渊源。

③从法律关系主体的角度看。国际经济法的法律关系主体包括国家、国际组织、单独关税区,一般情况下,这些主体不在经济法的法律经济主体范围内。

④从创制主体的角度看。构成经济法的法律规范是一个国家制定或认可的国内经济法律规范,也就是说经济法属于国内法,它调整一国的经济关系。构成国际经济法的是由两个以上国家共同制定或认可的国际法律规范,也就是说它属于国际法体系,调整的是国际经济关系。

⑤从作用的角度看。经济法的主要作用是维护本国的经济秩序,推动本国的经济发展,促进本国的社会进步。国际经济法的主要作用是建立和维护国际经济秩序,推动世界经济发展,促进整个国际社会的发展和进步。

可以看出,经济法与国际经济法之间具有一定联系,同时又有所区别。经济法属于国内法体系,国际经济法属于国际法体系,但是在整个法的体系层面来看,二者之间属于并列关系,并不存在从属关系或是交叉关系。

第三节　经济法律关系及责任

法律关系是一种社会关系,是关于法律主体享有的权利和应承担的义务的关系。经济法律关系就是对法律关系的一种更为具体的解释,是在经济语境下的解释,它是指经济主体之间关于享有的权利和应承担的义务之间的关系。经济法律责任是经济法主体因为违反其义务而需要承担的不利法律后果。

一、经济法律关系的主体和客体

（一）经济法律关系的主体

经济法律关系的主体可以简称为经济法主体，是指在经济法律关系中当事人或参加者，其拥有相应的权利，需要承担相应的义务。拥有并享受经济权利的当事人或参加者是权利主体，承担经济义务的当事人或参加者是义务主体。在很多情况下，权利主体和义务主体同时享有经济权利、承担经济义务。

1. 国家机关

国家机关是指各个行使国家职能的机关的通称，其中包括国家权力机关、国家行政机关、国家司法机关等。经济法主体一般是指国家行政机关中的经济管理机关。经济管理机关可以分为以下三类。

第一类，综合性经济管理机关。这类经济管理机关主要的任务是对国民经济进行宏观调控，主要包括国家发展和改革委员会、财务部、商务部、中国人民银行等。

第二类，行业性经济管理部门。这类经济管理机关主要任务是对国民经济中特定的部门和行业进行管理，主要包括农业部、交通部、建设部、铁道部等。

第三类，专门职能部门。这类经济管理机关主要包括国家工商行政管理总局、国家税务总局、审计署等。在一定条件下，国家可以作为经济法主体参加经济法律关系，其主体身份可以通过发行国债、以政府名义与外国签订经济贸易协定等方式体现。

2. 企业和其他社会组织

企业是依法设立的经济组织，其目的是通过开展经济活动实现营利。其他社会组织主要是指事业单位和社会团体。事业单位可以从事教育、卫生、科研等行业,这类组织可以体现为学校、医院、科研院所等。社会团体是在社会公民自愿意志的基础上组建的社会组织,一般从事公共事务、学术研究、宗教事务等活动,这类组织可以表现为党团组织、妇女联合会、工人联合会、学术研究团体等。

3.企业内部组织和有关人员

企业内部组织并没有独立的法律地位,但在一定情况下其可以具有相应的经济法主体地位。根据经济法律规定进行企业内部的生产经营管理活动时,如果采用内部承包经营责任制、进行内部独立经济核算时,就会有相应的经济法律关系形成,这就使企业内部组织具有了经济法主体地位。当企业内部的相关人员与企业形成了以上关系时,那么其也将具有经济法主体的地位。

4.公民及个体工商户、农村承包经营户

公民及个体工商户、农村承包经营户根据经济法规定参与经济活动时,就会具有经济法主体地位,拥有相应的经济权力,承担相应的经济义务。例如,农户与农村集体经济组织发生承包关系时,农户要向税务机关纳税。

(二)经济法律关系的客体

经济法律关系的客体是指经济法主体权利和义务所指向的对象。按照我国经济法律法规的有关规定,经济法客体包括物、经济行为和非物质财富。

1.物

物是指拥有具体形态而存在的物品,它可以被人控制和支配,并且具有一定经济价值。物同时包括自然存在的物品,通过人类劳动创造出的产品,以及固定充当一般等价物的货币和有价证券。可以成为经济法律关系客体的物需要满足的前提条件,

即要与经济法主体权利和义务有所联系,只有满足这个条件的物才可以成为经济法法律关系的客体。

2.经济行为

经济行为是指经济法主体为实现其经济目的,享受其权利和承担其义务所开展的经济活动。它包括经济管理行为、提供劳务行为和完成工作行为等。经济行为成为经济法律关系客体,需要具有法律意义,也就是要以实现权利和义务为目的的行为。

3.非物质财富

(1)智力成果

智力成果是经济法主体凭借自身的智力劳动,经过不懈努力而实现的结果,是一种智力劳动成果。发明创造、艺术作品等都属于智力成果。智力成果不是通过物质财富的形象直接展现在人们面前的,但是其可以通过转换成为物质财富。智力成果作为经济法律关系的客体,可以通过科技发明、技术专利、艺术作品等形式表现。

(2)道德产品

道德产品是指人们在社会生活中取得的非物质化的道德价值,例如荣誉称号、奖励表彰等,这些道德价值是公司法人荣誉权的客体。

二、经济法律关系的内容

(一)经济权利

经济权利是指经济法主体按照相关法律法规的规定,拥有可以作为或不作为一定行为,或是要求他人作为或不作为一定行为的权利。按照我国经济法,经济法主体享有很多的经济权利。为了进一步促进社会进步,我国大力推进社会主义市场经济的加深加快发展,随之而来的便是国家对经济的管理方式的转变,即从曾经的以国家直接管理为主转变为以国家间接管理为主,而正因为这种转变,经济法主体拥有了更广泛的经济权利。

1. 经济职权

国家机关以及相关的工作人员在按照相关法律进行经济管理时,其依法拥有的权力就是经济法的经济职权。国家机关以及相关工作人员按照法律法规的规定正确行使其经济职权时,管理对象有义务服从和配合经济管理工作。国家机关以及相关工作人员,不可以对其享有的经济职权进行随意地转让和放弃。

2. 物权

物权是指经济法主体按照法律法规的规定,对某些特定的事物可以直接支配和排他的权利,例如所有权、用益物权和担保物权等都属于物权。

3. 法人财产权

法人财产权指企业法人对企业所有者投资所设企业的全部财产在经营中享有的占有、使用、收益与处分的权利。实际上,对于企业而言法人财产权只是观念上的一种虚构形式,因为企业股东的所有权是不能被企业经营者剥夺的,对于现代企业来说,股东仍旧是企业的所有者和控制者。

4. 债权

债权是在当事人之间产生的一种特定权利,具体权利按照合同约定或法律规定享有。债权的义务主体是特定主体,它是针对特定主体的一种请求权。

5. 知识产权

知识产权是指权利人对其智力成果享有的财产权利,其中还包括生产经营活动中标记所有人依法所享有的权利,如商标权、专利权、著作权等均属于知识产权的范畴。

6.股权

股权也称为股东权,是指基于股东地位而对公司主张的权利。股权可分两类,即自益权和共益权。自益权是指股东将自身利益为目标而单独主张的权利,例如股权转让权、利润分配请求权、剩余财产分配权等。共益权是指股东为了公司的利益以及自身的利益考虑而主张的权利,例如公司决策权、选择权、监督管理者权等。

(二)经济义务

经济义务是经济法主体必须承担的义务。按照经济法的规定,经济主体有必要承担与其经济权利相应的经济义务。

第一,经济法的义务主体需要作为或是不作为一定行为,以此保证经济法权利主体的利益需求可以得到相应的满足。

第二,经济法义务主体需要按照法律的规定承担其义务,对于规定范围外的义务,义务主体不需要履行。

第三,经济法义务主体必须按照相关规定履行法定范围内的经济义务,否则需要按照相关法律法规的规定承担一定法律责任。

与经济义务相对应的是经济责任。根据国情建立科学合理的经济责任制,是经济法理论和实务中的一个重要课题。在经济管理和经济活动中,要通过法律、法规、规章、合同等对人们在社会分工中应该担负的责任进行规定,包括职责、权限、利益和效益等方面,这一系列规定的统称即为经济责任制,制度的运行目的是提高社会经济效益。随着社会化大生产的发展和深化,其对社会分工提出了全新要求,也就诞生了经济责任制。经济责任制保证社会中的生产经营活动是有序进行、有人负责的。经济责任制可以提高经济主体的责任感,以此维持经济秩序的稳定。经济责任制可以实现责、权、利的统一,按照承担的责任划分权利和利益,并可以综合运用民事、行政、刑事等责任方式,保证经济责任制可以顺利发挥作用。在不同的经济法文件中,经济责任制会呈现出不同的表现形式,一些侧重于惩罚,一些侧重于奖励,还有一些是惩罚与奖励并用。在惩罚方面,一些法律文件有专门的规定,例如法律责任、监督与处罚等专门章节,有专门的条款对惩罚原则和规则进行了规定。

经济权利和经济义务一定是同时存在的,二者之间互相依靠,具有相对性和对等性。在经济法律关系中,若一个经济主体有一定经济权利,那么一定有与之相应的经济主体承担了相应的经济义务,因为一个权利主体如果没有与之对应的义务主体,就会导致权利没有义务的支撑,那么权利也就无法得到保障,也就不可能实现。经济权利和经济义务之间还存在对等性,不存在没有权利的义务,也不存在没有义务的权利,它们一定是同时存在、相互依靠的。经济权利与经济义务之间存在统一关系,当一个经济主体享有经济权力时,其必须承担相应的经济义务;当一个经济主体承受了一定经济义务时,其也应该享有相应的经济权利。

三、经济法律责任

(一)经济法责任的概念

关于经济法的法律责任有很多种说法,如"经济责任""经济法责任""经济法律责任""经济关系中的责任"等。在这里用"经济法责任"来进行说明,因为这一语词准确地表达了经济法的法律责任,简洁明白,不易使人产生词语认识上的误解。

经济法责任是指违反经济法义务而引起的经济法规范规定的不利后果。经济法规范规定的不利后果,包括各类制定法或非制定法为表现形式的经济法律法规,对于经济法主体违反经济法义务而需要承担的相应后果。经济法主体违反经济法义务会引起经济法规范规定的不利后果,违反经济法义务的行为具有明显的违法性。不利后果的具体内容是经济法规范规定的,所以经济法责任是具有法定性的。国家强制力会保证违反经济法义务所必须承担的不利后果的执行,所以经济法责任具有国家强制性。

(二)经济法责任的形式

经济法责任形式,是指由于违反经济法义务而引起的经济法规范规定的不利后果的表现形式。对经济法责任的具体形式进行理解,需要联系整个法律责任体系的结构。

根据法律责任形式对物质利益的内容的拥有情况进行划分,可以将其分为经济责任和非经济责任。

此处提到的经济责任即是指财产责任,这种经济法责任形式主要是通过物质利益表现的,是指法律主体违反法律义务而引起的物质利益上的法定不利后果。对于经济责任还可以进行进一步划分,可以分为补偿性经济责任和惩罚性经济责任。补偿性经济责任,是指违反法律义务而引起的法定不利后果通过承担弥补、赔偿损失等物质利益的赔偿进行表现。惩罚性经济责任,是指违反法律义务而引起的法定不利后果通过惩戒、处罚等物质利益的形式进行表现。

非经济责任是指非财产责任,指法律主体违反法律义务而引起的非物质利益上的法定不利后果。可以对非经济责任进一步划分,分为行为责任、人身责任、信誉责任和资格减免责任。行为责任,是指违反法律义务而引起的法定不利后果通过必须或者禁止规定行为的方式进行表现。人身责任,是指由于违反法律义务而引起的法定不利后果通过违规人的人身自由甚至生命被剥夺的形式体现。信誉责任,是指违反法律义务而引起的法定不利后果通过信用和声誉上的不利形式表现。资格减免责任,是指违反法律义务而引起的法定不利后果通过违规人从事相关活动所应具备的身份被限制或者取消的方式表现。

上述法律责任形式的种类,同样适用于经济法和民法、行政法等法的部门。这就说明经济法责任形式也可以分为经济责任和非经济责任,经济法经济责任可以分为补偿性经济责任和惩罚性经济责任,经济法非经济责任可以分为行为责任、信誉责任、资格减免责任和人身责任。需要注意的是,根据不同法的部门的具体情况,其法律责任的具体形式也具有各自的特性。根据我国《反垄断法》《政府采购法》《预算法》《中国人民银行法》《税收征收管理法》等法律的有关规定,有些法律责任的具体责任形式是经济法所特有的。例如,责令停止实施集中、限期处分股份或资产、限期转让营业以及采取其他必要措施恢复到集中前的状态;责令退还或者追回国库库款;扣缴税款,追缴少缴、欠缴或拒缴的税款,追征税款,收缴违法的纳税人、扣缴义务人的发票或停止向其发售发票;终止采购人的采购活动,停止按预算向采购人支付资金,禁止参加政府采购活动,取消集中采购机构代理采购的资格等,都属于经济法特有的法律责任形式。

(三)建立和完善经济法责任制度的意义

1.提高经济法制定质量的需要

想要保证经济法制定的质量,必须要正确看待和制定经济法责任制度。假定、行为模式、法律后果构成了法律规范的逻辑,规范性是法的一个基本特征。但是在我国的经济法规范性文件中却存在一些不符合要求的地方。一些经济法规范性文件没有对经济法责任进行规定;一些文件中关于经济法责任的规定不明确、不全面;一些规范性文件虽然对经济法责任进行了规定,但是对相应的执法机关及其职责并没有做出明确规定,对于执法机关不执法的后果也没有进行具体规定。以上这些问题都会导致有关经济法的法律、法规、规章的规范性不足,也就影响了经济法制定的质量。

2.保证经济法实施的需要

对经济法责任进行科学合理地规定,可以保证经济法实施的效果。就我国目前的经济法规范性文件来看,其中有一些只对经济法的权利和义务进行了规定,但是对违反经济法义务而产生的法定不利结果没有进行规定或是没有进行明确、全面地规定,这就导致关于经济法权利和义务的规定的实施没有强力有效的法律保障作为支撑,也就会直接影响经济法的实施效果,使经济法的作用不能得到充分发挥。我国目前虽然建立了基本的经济法责任制度,但是这只是基本建设,并没有实现经济法责任制度的建立和健全。所以,想要保证经济法的实施效果,就必须建立健全经济法责任制度。

(四)建立和完善经济法责任制度的对策

1.加强对经济法责任制度的理论研究

经济法责任理论是经济法基本理论的重要组成部分。但就目前而言,关于经济法责任理论的探讨和研究相对较少,也不够深入,在如何建立和完善经济法责任制度方面还没有达成一致意见。为了更好地建立和完善经济法责任制度,就需要加强对经济法责任制度理论的研究和认识,为进一步加强经济法责任制度提供科学、充分的理论基础,全面提高人们对于建立和完善经济法责任制度的认识。

虽然已经明确经济法责任的客观存在,但是对经济法责任是否具有独立性的问题仍然没有定论,学界对其进行的探讨一直没有停息。主要有两种观点:第一种观点对经济法责任具有独立性持肯定态度,也就是认为经济法责任绝不仅仅是民事责任、行政责任、刑事责任的简单相加;第二种观点认为经济法责任不具有独立性,只是借用传统法律责任而已。加强对经济法责任制度的理论研究首先应该对经济法责任的独立性问题进行分析研究。

经济法责任的独立性并不是一个新问题。经济法责任的独立性指的是经济法责任具有独立地位,是客观独立存在的。任何法律责任都有其存在基础,经济法责任也不例外,其基础就是对作为独立部门法性质的经济法的高度认同。最初,经济法学者们为了证明经济法责任具有独立性,详细论证了经济法作为一个法律部门而独立存在的必要性和正当性。但是随着经济法逐步发展,经济法成为一个独立的法律部门已经成为学者们不再辩论的事实,而经济法责任是否具有独立性却一直未能达成一致意见。经济法所调整的社会关系的性质决定了经济法责任绝不仅仅是经济责任,尤其不仅仅是民事责任意义上的经济责任。从法制实践上看,用经济法的责任为经济责任这种本身不正确的认识来否定经济法的责任是不足为据的。经济法责任独立的理由主要有以下三方面。

(1)现有法律责任类型无法包含全部经济法责任形式

想要探求经济法责任的独立性,首先应该了解经济法责任的内容,也就是经济法律责任形式。如果其内容存在着不为民事责任、行政责任和刑事责任所涵盖的责任形式,那么就可以进一步认定经济法责任有其独立存在的意义。经济法责任中规定了政府经济失误赔偿、肢解公司、经济法上的惩罚性赔偿等责任形式,有些完全属于新的责任类型,有些与传统的责任类型名称类似但内容不同。严格来说,这些都属于新型的"罚",是不为民事责任、行政责任和刑事责任所涵盖的责任形式。

(2)经济法责任是以社会经济利益为本位的新型责任

经济法自设立之初就是以社会利益为导向的部门法,经济法的社会利益本位既不同于民法上的私人利益本位,也不同于行政法上的国家利益本位。民事责任受民法价值取向影响,行政责任受行政法价值取向影响,同理,经济法责任也必然受经济法价值取向影响。所以,对经济法责任的理解与认识需要站在整个社会的高度对其全面把握。

经济法的目标是实现可持续发展的社会整体利益,由于行为人的违法行为不仅会损害特定主体的权利,情节严重的还会危害整个社会经济秩序和社会经济利益,因此经济法违法行为与其他违法行为相比更容易引发社会成本的无谓增加,而这种社会成本的浪费仅依靠个别的补偿办法是难以弥补的。正因为如此,经济法更加注重"未雨绸缪",在法律责任设置上意图通过严惩违法者等手段,强化法律的震慑作用,以此减少经济法违法行为的发生概率,降低社会成本。也正是这些因素导致了经济法责任形式和归责原则的特殊性。例如惩罚性赔偿和严格责任原则,后文将做详细论述。

(3)其他法律责任无法实现经济法责任的惩罚方式及目的

经济法上的双方当事人有时是不平等主体,他们的权利与义务不同,这同民法主体地位平等是不同的,这种主体的不均衡性决定了经济法责任的不均衡特征。经济法主体的不均衡性主要表现在国家成为责任主体的可能性更大。国家不仅是行政管理主体,同样也是经济管理主体,其职能的有效发挥对社会整体利益的保障以及社会的稳定发展具有十分重要的作用。当国家成为责任主体时,对其既不能实行自由罚,也不能责令其歇业或者关闭,显然部分法律责任形式对国家这一主体并不适用。另外,国家的经济来源主要是国家税收,即便由国家承担否定性的经济后果,归根到底还是由纳税人承担的。因此,为了经济法责任得到有效落实,在很多情况下就只能规定由相关的责任主体承担具体责任,国家则需要通过其他方式承担责任,这部分责任形式多表现为经济法责任里的特殊责任形式,因为要想对国家实现惩罚目的,仅借用现有的法律责任形式是不可能达到的。这同时说明,对不同的经济法主体,其所要承担的法律责任在设置上也要有所区别。

2.加强和改进关于经济法责任制度的立法

制定经济法制度时,为了保证和进一步提高经济法制定的质量,就需要加强对相关规范性文件的规范性的重视程度。对于我国现行的经济法规范性文件中关于经济法责任的规定,要以实际情况为基础,进行区别对待。对于符合当前经济社会发展需求的,进行保留并加以实施;对于一些已经不能适应当前经济社会发展的,就应该按照当前的需求进行修改;对于需要规定却没有进行相关规定的部分,要及时进行补充。

想要建立和完善经济法责任制度,提高经济法制定的质量,强化经济法的实施效果,就要做出相应的努力。一方面,要充分了解经济法责任制度发展的历史并总结经验,将其中具有规律性的部分加以利用,指导经济法责任制度的建立和完善。另一方面,要时刻关注和了解经济法责任制度建设的最新情况,对于新情况进行及时总结得到新经验,并对于新出现的问题及时加以解决。

经济法责任承担主要是财产性的责任。我国的经济法责任一直遵循的是行政责任在先、民事责任在中、刑事责任在后的原则,经济法是协调经济运行的法律,因此,它首先肩负的是规制市场失灵,调整市场经济秩序,维护社会经济的稳定的社会使命。另外,还要防止政府失灵,规范政府权力的行使,确保政府适当有效地干预经济,不要产生过犹不及的不良影响。

经济法的社会价值目标以及它的调整手段,使它带有浓厚的公法色彩。所以,它的调整形式较多地体现的是强制性和政策性。但在我国经济立法中,经济法责任较多采取的是财产性责任,亦即民事赔偿责任,这在实现经济法社会性和调整性的价值功能上可能是不够的,经济法制裁的法律功能得不到实现。可以拓补经济法责任的形式,比如行政责任和刑事责任,以多层面的视角来实现经济法的调整。

经济法责任制度的不完备,导致了经济法责任不能得以很好地落实。财产性的惩罚缺乏受益对象和监督机制,经济法的危害对象是社会性的,群体非常广泛,如果以政策的方式去弥补过失,可能更适合经济法的精神,也更容易落实。另外,经济法是个很年轻的学科,并不为广大的人民群众所知晓,所以人们的经济法意识淡薄,缺乏经济法权利观念。因此,要使经济法被更好地遵守和运用,经济法的普法工作是必不可少的。

3.加强和完善关于经济法责任制度的执法

经济执法,是指国家机关依照法律规定的权限和程序,贯彻实施经济法律的活动。经济执法是与国家活动相联系的一种法的实现方式,其主体是特定的。经济执法在本质上属于行政执法,是国家行政机关行使其权力的过程,也是国家权力对社会经济活动进行干预的基本手段。

虽然经济执法与行政机关行使社会经济权利有很多的共同之处,但我们也不能忽视它们之间的区别,也只有先厘清它们之间的界限,才能更科学地设计经济法执法制度。第一,目的不同。经济执法是为了实现社会公共利益,而行政执法是为了保护国家的利益,确保国家的权力稳定。在市场经济发展的今天,社会公共利益与国家利益存在着差别。第二,依据不同。经济法是以社会为本位的法律,它代表的是社会经济权利,因而,它依据的是社会经济职权;而行政法依据的是国家的行政权力。第三,是否具备明确的相对人不同。经济法针对的是国家、社会乃至个人,它的调整对象是非常广泛的,并不局限于特定的人;而行政执法针对的则是特定的相对人,即受控主体。第四,执法的形式不同。经济执法采取的形式是多样的,可以是民事的,也可以是行政的,甚至是刑事的;但行政执法通常是行政性的,即国家的强制力。第五,手段不同。经济法的功能更多地体现在它的协调性上,它最终追求的或实现的是社会整体利益,因而它的价值取向是秩序性或调整性,所以它的执法形式具有一定的弹性;行政执法则显得要刚烈一些,因为它所体现的是国家的强制力和制裁力,通过惩罚手段来达到维护国家的安全与社会安定这一目标,因此,行政执法要严格、严肃得多。

经济执法作为经济法适用的重要手段之一,直接影响了经济法责任的实现。经济执法配置得合理而科学,对经济法的社会价值的实现,以及经济法责任制度的完善,是有很大的积极意义。因此,对经济执法制度的设计是十分有必要的。

（1）保证经济法执法机构的独立性

在我国,经济执法是由行政机关来行使的,它不像国外经济执法机构那样,具有很大的独立性,所以,在经济执法中,难免会遭到行政机关的干预。而作为经济执法机构的法院,其独立性并不稳固,有时候会受到行政机关的干预。然而,如果没有一个完全独立的经济执法机构,经济法的实施以及经济法责任的实现就会受到阻碍。因此,我们应该稳步地建立独立的经济执法机构,以满足经济法独立性与日益增多的经济案件的需求。

（2）经济司法与经济执法机构应该分工明确、科学

我国的经济司法与经济执法的权力都是由法院来行使,由于经济法案件具有很强的专业性和复杂性,因而,都由人民法院来承担,不利于有效而便捷地解决经济纠纷。反垄断法与反不正当竞争法又都是由工商部门来实施,也是不科学的。应将经济司法、经济执法与行政执法区分开来,并设立与之相应的机构,建立科学的体制。

（3）制定完善的经济执法程序

没有程序的法律就无法运行,程序之于法律就像手脚之于人一样。在民事、行政和刑事执法中,都有一套完整的与之相配的程序。经济法作为独立的法律部门,也应该构建程序法,从而完善经济执法程序。由于行政权力缺乏节制和控制,所以出现了权力滥用等现象,因此,在设计经济执法程序时,应该严格地规范政府的行政权力,科学、便捷地实施经济执法职能。

（4）提高经济执法人员的素质

经济法具有法律性和社会性双重特性,因而它不仅要求执法人员具有优秀的法律素质,也需要其具备良好的经济学素养。社会经济学是一门很复杂的社会学科,在执行法律的同时,还要兼顾社会整体利益的要求,采取弹性的执法手段,尽量将危害降到最低,以维护社会的安定与经济的健康发展。

（5）加强经济执法的监督

法律监督是保障法律实施的有效手段,建立经济执法监督体

制，是法在运行过程中的必然要求。而且经济法是以社会公共利益为本位的法律，代表的是社会而非个体的利益，那么，执法的效果也具有社会性的特征。而且，在这个过程中，是缺乏监督主体的，只能依赖于特定的代表着社会公共利益的机构，或者由国家去行使这项职责。

第二章　公司法的理论与案例分析

公司法是经济法的重要组成部分,其是对公司的设立、活动、解散及其他对外关系的法律规范的总称,是市场的主体法。我国《公司法》于 1993 年 12 月 29 日第八届全国人民代表大会常务委员会第五次会议通过,最近一次修正是在 2013 年 12 月 28 日,其规定的对象是有限责任公司和股份有限公司。本章对我国公司法进行介绍,并辅以案例进行实践分析。

第一节　公司法的基本制度及理论基础

不同国家对公司和公司法的定义有所不同,不同法系的公司法调整对象也不同。本节主要对我国的公司法的基本制度和相关理论进行介绍。

一、公司与公司法概述

(一)公司的概念和特征

公司是指依法设立的,有独立的法人财产,以营利为目的的企业法人。根据现行中国公司法中的规定,公司主要有两种形式,即有限责任公司和股份有限公司。这两类公司均为法人,投资者可以受到有限责任保护。

《中华人民共和国公司法》(以下简称《公司法》)调整的有限

责任公司和股份有限公司特征如下。

1. 依法设立

首先,法律是公司成立的直接依据,公司不是按照合同成立的;其次,成立公司要遵循法律规定,满足相应的法律条件;最后,公司要按照法律的既定程序成立,这样才能保证其具有法律有效性。

2. 以营利为目的

公司以营利为目的,是指设立公司的目的及公司的运作,都是为了谋求经济利益。为此,公司必须连续不断地从事某种经济活动,如商品生产、交换或提供某种服务。公司的营利性特征已为世界上许多国家和地区的公司立法所确认,从而成为公司的基本特征。

公司的营利性是公司区别于非营利性法人组织的重要特征。营利法人的宗旨是获取利润并将利润分配于成员(出资人或股东);而非营利法人的宗旨是发展公益、慈善、宗教、学术事业,它们即使从事商业活动、赚取利润,也只是以营利为手段,旨在实现与营利无关的目的,而且其营利所得不能直接分配于成员。区分营利法人和非营利法人的主要法律意义在于对其设定不同的设立程序、赋予不同的权利能力、适用不同的税法等。

公司的营利性实质上是股东设立公司的目的的反映。公司只有以营利为目的,实现公司利益最大化,才能让股东收回投资,进而实现盈利。法律承认并保护公司的营利性,方能鼓励投资、创造社会财富,促进市场经济的发展。所以,我国《公司法》第四条将股东的资产收益权作为股东的第一项权利加以规定,体现了公司的营利性特征。

3. 股东投资

股东投资是公司成立和开展营业活动的基础。在我国《公司法》中,对有限责任公司和股份有限公司股东的出资义务做出了明确的规定。例如第二十六条规定,有限责任公司的注册资本为在公司登记机关登记的全体股东认缴的出资额。

成为股东的条件

(1)原始取得。这是指通过向公司出资或者认购股份而取得股东资格。原始取得又可分为以下两种情形。

第一,设立时的原始取得。即基于公司的设立而向公司投资,从而取得股东资格。通过这种方式取得股东资格的人包括有限公司设立时的全部发起人,股份公司设立时的发起人和认股人。

第二,设立后的原始取得。即在公司成立后增资时,通过向公司出资或者认购股份的方式而取得股东资格。

(2)继受取得。继受取得,也称为传来取得或派生取得,即通过受让、受赠、继承、公司合并等途径而取得股东资格,取得股份的受让人、受赠人、继承人、继受人就成为公司的新股东。

(3)善意取得。善意取得是指股份的受让人,依据公司法所规定的转让方法,善意地从无权利人处取得股票,从而获得股东资格。由于善意取得不用依赖于转让人的意志就可直接取得股权,因此它是一种特殊的原始取得方式。

4.成为企业法人的条件

在我国《民法通则》中,对法人需要具备的要素进行了明确规定:依法成立;拥有一定金额必要的财产或经费;拥有自己的名称、组织机构和场所;可以依法独立承担民事责任。公司作为法人,同样需要具有以上四个基本要素。

(二)公司的种类

第一,按照股东所承担的责任形式进行分类,可以将公司分为无限责任公司、两合公司、股份有限公司、股份两合公司和有限责任公司。

在大陆法系国家,承认无限责任公司形式;英美法系国家则认为无限责任公司属于合伙企业,不属于公司;我国《公司法》未对此类型进行规定。我国《公司法》主要针对有限责任公司和股份有限公司进行了明确规定。

第二,按照公司的信用标准进行分类,公司可分为人合公司、资合公司和人合兼资合公司。

人合公司是指将股东个人信用作为基础的公司,例如无限责任公司就属于这种类型。

资合公司是指将股东投资作为基础的公司,例如股份有限公司属于这种类型。

人合兼资合公司是指将个人信用和股东投资同时作为基础的公司,例如两合公司就属于这种类型。

第三,按照公司的控制和依附关系进行分类,可以将公司分为两类,即母公司和子公司,子公司依附于母公司,母公司可以对其下属的子公司进行控制。

第四,按照公司的组织系统进行分类,可以将公司划分为两类,即总公司和分公司。总公司和分公司的关系不同于母公司和子公司的关系,分公司是总公司的下属机构,分公司是独立的法律主体,与子公司不同,它具有自己独立的法律地位。

第五,按照公司的国籍进行分类,可以将公司划分为本国公司、外国公司和跨国公司。

本国公司是指拥有本国国籍,按照本国的相关法律法规享有一定法律权利、履行一定公司义务、承担一定法律责任的公司。

外国公司是指具有外国国籍、按照外国法律法规成立的公司。

跨国公司是指拥有两个或两个以上国籍的公司。跨国公司的经济实体会分布于世界范围内的不同国家和地区,其一般进行的是跨国经济活动。

第六,按照公司股票能否公开转让进行分类,可以将公司划分为封闭式公司和开放式公司。

封闭式公司是指公司股票不能公开转让的公司。该类公司发行的股票不能在股票交易所进行挂牌，也不可以在股票交易市场上进行自由转让。

开放式公司是指公司股票可以公开转让的公司。该类公司发行的股票可以在股票交易所进行挂牌，也可以在股票交易市场上进行公开自由转让。

（三）公司法的概念和特征

公司法是对公司的设立、组织活动、解散、清算及其他对内外法律关系进行调整的法律规范的总称。公司法的特征如下。

第一，公司法是一种组织法。公司法对公司的分类、设立、变更和终止、公司章程、组织机构、权利能力和行为能力及其他公司的对内外法律关系进行了规定。

第二，公司法是一种行为法。它对与公司的组织特点有关的经营活动进行了规定，例如其对股票的发行和转让等行为进行规定。公司法不对那些与公司的组织特点无关的经营活动进行规定和调整。

第三，公司法是一种制定法。它对公司的法律地位、组织机构及其内外关系进行了严格、系统、准确地规定，保证这是一种科学有效的法律规范形式。

第四，公司法的内容多为强制性规范。对于整个社会来说，公司具有很大的作用和影响，所以公司法对公司的设立、经营活动等方面进行了严格地、强制性地规定，保证公司在社会中的经营活动对社会有益而非有害。

我国现行《公司法》最初在1993年制定，前后经历四次修改。最新一次修改于2013年12月28日，在第十二届全国人民代表大会常务委员会第六次会议上通过，并于2014年3月1日起施行。这次修改的亮点在于取消了公司注册资本的最低限额，以此降低了公司设立的基本门槛。

二、公司法的基本制度

(一)公司的名称和住所

1. 公司的名称

公司名称是一家公司的标志,是用于区别不同公司的标识。公司名称具有明显的排他性,在一定范围内,只有一家公司可以使用注册过的特定名称。根据我国《企业名称登记管理规定》及实施办法,在我国的同一登记机关辖区内,同一行业的企业不可以使用相同或是相似的企业名称。我国公司的名称由如下几个部分构成。

第一,公司的类别。在注册公司名称时,要在名称中明确标明是"有限责任公司"还是"股份有限公司"。

第二,公司注册机关所在地的行政区划。在公司名称中要显示出其注册机关所在地,例如在省工商局注册的公司,需要在公司名称中体现"××省"。外商投资企业的名称可以不体现其行政区划的名称。

第三,公司所属行业或经营特点。在公司名称中体现公司的主要经营性质或是经营范围。

第四,商号(或者字号)。这是一种区别不同公司的文字符号。

2. 公司的住所

确定公司住所具有以下法律意义。

第一,在民事诉讼中,通过公司住所地可以对其地域管辖区域进行确认。

第二,具有确定的公司住所,才可以保证诉讼文书的成功送达。

第三,根据公司住所确定其债务履行地。

第四,根据公司住所可以确定公司的行政管辖机关。

第五,若公司发生涉外民事关系,公司住所是确定该涉外民事关系适用哪国法律的依据之一。

(二)公司的设立与成立

1.公司的设立

对公司依法获得法人资格的一切活动的总称就是公司的设立。在公司依法获得法人资格正式成立前,所有服务于公司成立的行为都属于设立行为,例如制定发起人协议、订立公司章程、申请设立登记等。公司的设立需要包括以下程序:明确公司的股东或是公司设立发起人,制定公司章程,公司股东或是发起人进行认缴出资,建立公司机关,到法定办事处办理公司设立登记。

2.公司的成立

公司的成立是指公司在依法获得法人资格后所产生的法律效果。营业执照的颁发日期就是公司成立日期。需要注意的是,公司的设立与公司的成立并不是同一概念,并且二者之间存在先后顺序。公司的设立是指公司为了获取法人身份而进行的一系列活动,这些行为是实现公司成立的前提条件;公司的成立是存在于公司设立后的一个行为结果,公司设立取得法人资格后,公司成立作为其法律结果出现。

(三)公司的章程

公司的章程是记载公司组织及公司活动的基本原则的法律文件,它是由公司股东或发起人按照相关法律法规制定的,公司的一切活动都需要按照公司章程的规定进行。公司章程记载的事项可以分为必须记载的事项和任意记载的事项。我国《公司法》对公司章程的记载内容进行了明确的规定。

公司的章程应该公开。在公司章程生效后,其内容具有一定稳定性,对于其内容不可以随意修改、变更,如需要进行公司章程的修改或变更需要进行变更登记。公司章程对公司内部的一切机构和个人具有普遍约束力。

(四)公司的权利能力与行为能力

1.公司的权利能力

公司的权利能力可以保证公司可以享有民事权利,保证公司需要承担民事义务,是公司实际享有权利、承担义务的前提条件。

公司的权利能力有以下特点:第一,公司的权利能力并不完全相同,其会根据公司经营范围的不同而有所区别,这一点区别于自然人的权利能力;第二,公司的权利能力与行为能力是一致的。

公司的权利能力会受到一些限制。

(1)经营范围的限制

公司必须在其被允许的经营范围内开展经营活动。对公司经营范围进行严格规定,目的在于保护债权人的利益,维护社会经济秩序,保证社会交易安全。我国《公司法》第十二条对公司经营范围进行了规定:公司的经营范围由公司章程规定,并依法登记。

关于企业经营范围实践中有这样的案例:公司签订了超越其经营范围的合同,合同另一方当事人向法院起诉请求认定合同无效。根据《合同法》的规定,法院认定合同有效,对原告的诉讼请求采取驳回处理。关于公司订立超越其经营范围的合同是否具有法律效力的问题,不同学者之间曾经持有不同观点。为了解决这一争议问题,最高人民法院发布《关于适用〈中华人民共和国合同法〉若干问题的解释(一)》对这点进行了规定:当事人超越经营范围订立的合同,人民法院不能因此认定合同无效。但是涉及违反国家限制经营、特许经营以及法律、行政法规禁止经营规定的情况除外。

(2)法律规定的限制

例如《公司法》第十五条规定:……除法律另有规定外,(公司)不得成为对所投资企业的债务承担连带责任的出资人。这条规定对原有的公司转投资的限制进行取消,同时对公司转投资中的责任承担施以限制。这样一方面可以维护公司的投资经营权,另一方面可以保护公司及其债权人的利益。

(3)固有性质的限制

公司属于法人,法人与自然人之间存在一定区别,它并不享有生命权、身体权和健康权等。

(4)公司在清算期间的权利能力同样受到限制

公司因为特定情况进行清算时,其并不能享有之前的权利能力,但是在规定的清算范围为享有一定的公司权利,同样需要承担一定公司义务。

2.公司的行为能力

公司的行为能力是指其通过自己的行为实际享受权利、承担义务的能力。该能力与其权利能力范围一致,在公司产生时,其行为能力也就此出现;在公司终止时,其行为能力也就此终止。

公司行为能力的行使主体是公司机关,例如公司的董事会、监事会等组织都属于公司机关,公司机关实际上就是对公司内的组织机构的总称。不同的公司机关拥有的行为能力也并不相同,例如公司董事会可以行使其执行能力,所以该机关是公司的执行机构,在公司内部该机构执行公司业务,对于外界可以代表公司;监事会可以行使其监督能力,它是公司的监督机构,其任务是对公司业务活动的执行进行有效监督。公司机关在其职权范围内以公司的名义所为的行为而产生的后果由公司来承担。

(五)公司的合并与分立

1.公司的合并

(1)公司合并的形式

公司的合并形式分为两种,即新设合并和吸收合并。

新设合并是指两个以上公司进行合并,成为一个全新的公司,原有的公司均不再存在。比如,A、B、C公司进行合并,合并产生的是全新的公司D,原有的A、B、C公司均不再存在。

吸收合并是指两个以上公司进行合并,其中一家公司继续存在,剩余其他公司均解散存在于合并后的公司中。比如,A、B、C公司进行合并,A公司合并后继续存在,B、C公司合并到A公司中。

（2）公司合并的程序

第一,参与此次合并行为的公司进行协商,在各方意愿达成统一的前提下签订合并协议,并按照要求制作资产负债表及财产清单。

第二,进行股东会决议。将合并后的各方订立的协议交付股东会进行表决。

第三,通知。当公司决定合并后,应该在签订合并决议之日起的10日内将相关情况通知公司的债权人,并在签订合并决议之日起的30日内在规定的报纸上刊登公司合并公告。

第四,注册登记。对于新设合并,参与此次合并行为的公司均需要到规定部门办理公司注销登记,合并后成立的新公司需要到相关部门办理公司设立登记;对于吸收合并,被吸收的公司要进行注销登记,存续公司需要办理相应的企业变更登记。

（3）公司合并的法律效果

公司合并后,原公司的股东可以继续成为合并后的公司的股东;原公司的债权债务全部由合并后的公司概括承受。根据我国《公司法》的规定,合并后的公司不论是存续公司还是新设公司,都需要承担合并各方的债权、债务。

2.公司的分立

公司的分立是指一家公司按照相关法律法规的规定,分为两个或两个以上的公司。

（1）公司分立的形式

公司主要有两种分立形式,一种为派生分立,另一种为新设分立。公司的派生分立是指,公司对自身拥有的一部分财产进行分割,利用这一部分财产进行新公司的设立,可以设立的公司数量并没有具体规定。公司的新设分立是指,公司对自身拥有的全部财产进行分割,利用这些财产进行新公司的设立,新成立的公司应该至少在两家以上,没有上限限制。

（2）公司分立的程序

进行公司的分立,首先需要对公司的财产进行分割,派生分立需要分离出一部分公司财产,新设分立需要对公司的全部财产进行分割,随后根据情况制作公司的资产负债表和财产清单。在规定的时间内,公司必须将其分立的消息通知给债权人,并在规定的报纸上进行公告。公司分立后成立的新公司需要承担公司分立前的债务。若在公司分立前,公司与其债权人就债务的清偿问题达成了双方协议时,则按照协议中的规定进行债务的清偿。

（六）公司的资本、资产

公司的资本可以指实缴资本、注册资本、授权资本或发行资本。

在 2005 年进行修订之前,我国《公司法》是严格实行法定资本制的,但修订后在一定程度上体现了授权资本制,《公司法》相关条款中对有限责任公司和股份有限公司的资本要求进行了规定。

公司资产指公司拥有的全部财产,其中包括公司拥有的物权、无形财产权和债权,公司资产大于注册资本。

（七）公司债券

1. 公司债券与股份的区别

第一,从持有人与公司的关系的角度看,公司债券持有人与公司的利害关系相对,股份持有人与公司的利害关系一致。

第二,从表彰的权利的角度看,公司债券持有人在债券清偿期有偿还本金请求权、利息给付请求权；而股东无权请求公司返还出资,只是在公司解散、清算时有剩余财产分配权。

第三,从发行时间的角度来看,公司债券只有在公司成立后才可以发行；公司股份则在公司成立前和公司成立后都可以发行。

2.公司债券的种类

（1）以债券上是否记载持有人的姓名为标准进行分类

按照这种方式进行分类,公司债券可以分为记名债券与无记名债券。记名债券是指债券上记载持有人姓名的债券；无记名债券是指债券上不记载持有人姓名的债券。记名债券需要通过背书发生转让的效力,转让后办理过户手续可产生对抗公司的效力；不记名债券只要进行合法交付便可以产生转让的效力。

（2）以有无担保为标准进行分类

按照这种方式,债券可分为有担保公司债券与无担保公司债券。有担保公司债券是以公司的财产为抵押物而发行的公司债券,以这种方式作为清偿保证；无担保公司债券是指以公司信用作为其清偿保证而发行的公司债券。

（3）以债权能否转化为股权为标准进行分类

按照这种方式,公司债券可分为可转换公司债券与非转换公司债券。可转换公司债券是指债权可以转化为股权的债券,即公司债券持有人在公司发行新股或是其他特定情况下,可以将债券转换为相应的公司股份；非转换公司债券是指不可以进行债权和股权转化的债券。

(八)公司的解散与清算

1.公司的解散

（1）解散的概念

公司的解散是指已成立的公司因法律原因而丧失营业能力,

停止业务活动,开始处理未了结的业务。公司解散并不代表其法人资格立即消灭。除了公司因合并或分立而解散以外,公司解散需要进行清算,在公司清算期间,在一定限制范围内,公司仍然具有法人资格。

（2）解散的原因

我国《公司法》第一百八十条规定,公司解散的原因有以下几项:第一,公司章程规定的营业期限届满或者公司章程规定的其他解散事由出现;第二,股东会或股东大会决议解散;第三,因公司合并或者分立需要解散;第四,依法被吊销营业执照、责令关闭或者被撤销;第五,人民法院依法予以解散。

2.公司的清算

（1）清算的种类

公司的清算可分为自行清算和法定清算。自行清算是指按照公司章程规定或全体股东的意见进行清算,而不按照法律规定进行清算。法定清算指必须按法律规定的程序进行的清算。法定清算又可以进一步划分为破产清算和非破产清算。破产清算适用破产法和民事诉讼法规定,非破产清算适用企业组织法。非破产清算又可以分为普通清算与特别清算两种,前者的清算人员是由公司内部产生的,后者的清算人员是由主管机关或法院指定的。下面提到的清算为普通清算。

（2）清算组的法律地位

在公司清算期间和范围内,清算组对内执行其清算活动,对外代表公司,可以理解为是公司解散前的董事会。

（3）清算组的组成

我国《公司法》第一百八十三条规定,有限责任公司的清算组应该由股东组成,股份有限公司的清算组应该由董事或者股东大会选择成员;对于逾期不成立清算组的情况,债权人可以向人民法院提出申请,由人民法院指定的清算人员进行公司清算。

（4）清算组的职权

我国《公司法》对清算组的职权进行了规定。第一，进行公司财产清理工作，编制资产负债表和财产清单；第二，将公司清算的消息通知、公告债权人；第三，对公司还未了结的业务进行处理和清算；第四，对公司所欠税款以及清算过程中产生的税款进行清缴；第五，清理债权、债务；第六，对公司清偿债务后的剩余财产进行妥善处理；第七，作为公司代表参与民事诉讼活动。

（5）清算的程序

第一，按照法律规定选择任命清算组成员。

第二，通知债权人申报债权。根据我国《公司法》第一百八十五条，清算组应当自成立之日起 10 日内通知债权人，并于 60 日内在报纸上公告。债权人应当自接到通知书之日起 30 日内，未接到通知书的自公告之日起 45 日内，向清算组申报其债权。

第三，清算组要开展公司财产清理的工作，需要编制公司的资产负债表和财产清单，根据整理情况制订合理的清算方案，该方案需要进行上报，通过公司股东会、股东大会或者人民法院的确认后才可以实行。之后需要支付清算费用、发放公司职员工资、缴纳社会保险费用和法定补偿金，支付公司所欠税款，对其清算前的债务进行清算，若有剩余财产需要依法分配。若公司的全部财产不足以对其债务进行清偿时，清算组要向人民法院提出申请，宣告公司的破产。

第四，清算终结。若清偿结束后还有剩余财产，清算组按照相关规定将该部分财产进行合理合法的分配，清算事务完成。此后，清算组需要做出清算报告，经过股东会、股东大会或者人民法院的确认后，将其报送公司登记机关。到规定的部门进行公司登记注销的申请，就此宣布公司的终止。当公司注销申请批准并实施后，公司即告终止。

三、企业法律关系的主体类型

(一)有限责任公司

1. 有限责任公司的资本与股东

(1)有限责任公司的资本

股东应足额缴纳其承诺的出资数额。根据我国《公司法》第二十八条规定,股东需要按期足额缴纳公司章程中规定的各自所认缴的出资额。有限责任公司成立后,如果出现作为出资的非货币财产的实际价额明显低于公司章程所定价额的情况时,交付该出资的股东需要对其差额进行补足;公司设立时的其他股东要承担连带责任。有限责任公司要保证遵守资本不变原则,没有经过法定程序不可以进行资本增减。

(2)有限责任公司的股东

在一些情况下,即使不向公司出资,也可以通过继承等方式获得公司股权,成为公司股东。因此,股东可以由在公司章程上签名盖章并实际履行出资义务的发起人、在公司存续期间依法继受取得股权的人以及公司增资时的新股东这三类主体构成。想成为股东也有一定限制,法律、章程禁止成为股东的人是不可以成为公司股东的。

①股东的权利。股东的权利一般通过自益权和共益权表现。自益权是专为股东利益而服务的权利,基于股东出资其可以享受相应的经济利益的权利,获得股息和红利的权利、剩余财产的分配权、股东转让出资时的优先受让权等都属于自益权。共益权是同时将股东利益与公司利益服务的权利,是参与公司事务的经营管理权利,表决权、监督权、请求诉讼权等都属于共益权。

我国《公司法》对股东的法定权利有相关规定,包括出席股东会的权力、参与公司重大决策和选择管理者的权力、查阅股东会会议记录和公司财务会计报告的权力、按比例获得红利的权力、股东对新股的优先认缴权、股东转让出资时的优先受让权等。

②股东的义务。股东可以享有一定权利,相应地也需要履行一定义务。按照我国《公司法》的规定,股东应履行以下义务:缴纳所认缴的出资;严格遵守公司的章程;按照其缴纳的出资范围对公司承担相应责任;公司进行核准登记后不可以撤回出资;进行出资填补;保证对公司及其他股东坦诚相待;按照法定程序行使其权利;其他依法应履行的义务。

2.有限责任公司的组织机构

(1)股东会

①股东会的性质和职权。股东会是由全体股东组成的权力机构,对外不代表公司,对内也不执行业务。股东会不属于公司的常设机构,但其有权对公司的重要事项进行决策。

我国《公司法》中规定,股东会有以下职权:及时了解公司和外部情况,对公司的经营和投资进行方针和计划的确定;非职工代表担任的公司董事、监事的更换和选举,并对这些人员的薪酬问题进行处理;审议批准董事会、监事会和监事提交的公司报告,审议批准公司的年度财务预算和决算方案、公司的利润分配方案和弥补亏损方案;对公司注册资本的变动进行讨论和决议;对关于公司发行债券的相关事务进行决议;对公司合并、分立、解散、清算或者变更公司形式作出决议;对公司章程内容的更改和变动进行决议;执行公司章程中规定的股东会拥有的其他职权。

②股东会会议的召集。股东会职权的行使主要是通过召开股东会会议来实现的。股东会会议可以分为定期会议和临时会议。定期会议是指根据公司章程的相关规定,按时召开、全体股东出席的会议,一般情况下这样的定期会议一年举行一到两次。临时会议是指按照当时的公司需求而临时召开的会议,目的是解决公司面临的临时性重要问题。我国《公司法》规定,代表十分之一以上表决权的股东、三分之一以上的董事、监事会或者不设监

事会的公司的监事提议召开临时会议的,应当召开临时会议。

按照规定,首次股东会由出资最多的股东召集和主持。若有限责任公司设立了董事会,则由董事会召集举办股东会会议,董事长出席并主持会议;若董事长因有事不能主持会议的,由副董事长主持股东会会议;若副董事长因有事不能主持会议的,董事进行投票决定主持会议的董事人选,这名董事需要得到半数以上的董事投票支持才算投票结果成立。

③股东会的议事规则。除公司章程另有规定外,股东会会议由股东按出资比例行使表决权。股东行使其表决权,并达到法定多数形成股东会的决议。股东会的决议可以分成两种,即普通决议和特别决议。普通决议是指对公司一般事项进行的决议,通常会使用资本多数决议,即拥有公司资本额一半以上的股东通过则形成决议。特别决议是指对公司重要事项进行的决议,对于特别决议的规定相较普通决议更为严格。我国《公司法》规定,对于公司特别决议,需要经过代表三分之二以上表决权的股东通过才可以形成。特别决议的事项包括对公司章程的修改、注册资本的增减、公司合并、公司分立、公司解散、公司形式变更等。

有限责任公司可通过书面形式进行决议。如果上述股东会职权内容,股东以书面形式达成了一致表示同意的,就不需要召开股东会会议,直接做决定,要由全体股东在决定文件上签名、盖章。

(2)董事会

①董事会的性质。董事会对内执行业务,对外代表公司。对于规模较小的有限责任公司可以不设立董事会,但需要设立一名执行董事。

②董事和董事长。董事可以通过股东会选任、章程确定和法律直接规定这三种方式产生。根据我国法律,有限责任公司非由职工代表担任的董事由股东会选任。我国《公司法》规定,董事会应该由3～13名董事组成。国有企业或其他国有投资主体设立的有限责任公司,设立的主体进行公司董事的选派,同时规定公

司的董事必须通过公司职工代表大会、职工大会或者其他形式进行民主选举而产生。

我国《公司法》规定,董事任期按照公司章程内容规定,但每届董事的任期不可以超过 3 年,期满后可连选连任。若出现董事任期届满没有进行及时改选,或者因为董事在任期内辞职而导致董事会成员低于法定人数的情况,在选出下一任董事前,原董事需要按照相关法律、法规、公司章程的规定,履行其董事职务。

我国《公司法》规定,公司董事会要设立董事长一职,同时可以设立副董事长。公司章程对董事长、副董事长的产生方法进行规定。

③董事会的职权。按照我国《公司法》规定,董事会拥有以下职权。

第一,召集股东会会议,并将董事会的工作情况上报于公司股东会;

第二,严格执行公司股东会的决议;

第三,对公司的经营计划以及投资方案进行讨论并决策;

第四,公司年度财务预算和决算方案的制定;

第五,公司利润分配方案以及弥补亏损方案的制订;

第六,研究并制订公司注册资本的增减方案和债券的发行方案;

第七,制订公司合并、分立、解散或者变更公司形式的方案;

第八,决定关于公司内部的管理机构设置的相关事项;

第九,处理公司经理的聘任、解聘和薪酬事项,对经理提出的关于公司副经理、财务负责人的聘任、解聘以及薪酬事项进行处理;

第十,对公司实行的基本管理制度进行研究制定;

第十一,行使公司章程规定的董事会拥有的其他职权。

④董事会会议的召集。按照规定,董事长应该召集并主持董事会会议;若董事长不进行召集和主持的,应该由公司副董事长召集并主持董事会会议;若副董事长不进行召集和主持的,应该

由董事通过公正投票的方式选取一名董事召集并主持董事会会议,该董事需要获得半数以上的票数支持才可以算有效推举。

⑤董事会的议事规则。按照我国《公司法》以及公司章程的相关规定,开展董事会的议事和表决。会议记录员需要对董事会会议的具体所议事项进行书面记录,出席会议的董事必须在该会议记录上签字。董事会的决议方式采取投票制,并实行一人一票的投票制度。

⑥经理。有限责任公司的经理是公司的高级管理人员,主要负责公司日常经营管理事务。公司由董事会决定聘任或解聘,对董事会负责。

对于有限责任公司的经济职权,我国《公司法》进行了如下规定。

第一,对公司的生产经营活动进行管理,并组织实施董事会的决议;

第二,按照公司的年度经营计划和投资方案组织生产经营活动;

第三,研究制订公司的为部管理机构设置方案;

第四,设计制定公司的基本管理制度;

第五,研究制定公司的具体规章制度;

第六,将聘任或解聘公司副经理、财务负责人的看法上报董事会;

第七,决定除了由董事会负责聘任或解聘的公司管理人员外的管理人员的聘任或解聘;

第八,董事会授予的其他职权。

(3)监事会

①监事。根据我国《公司法》规定,有限责任公司的监事会成员不得少于3人。监事会的成员由股东代表和一定比例的公司职工代表组成,职工代表的比例不可以低于三分之一。由公司职工通过职工代表大会、职工大会或者其他形式的民主选举方式选出监事会中的公司职工代表。监事任期为每届3年,任期届满时

可进行连选连任。如果出现监事任期届满却没能及时进行改选，或者监事在任期内辞职导致监事会成员低于法定人数的情况，在选出新的监事就任前，原监事应该按照法律、法规和公司章程的规定，履行其监事职务。

我国《公司法》规定，公司的董事、高级管理人员不可以兼任监事会监事。同时，我国《公司法》对于监事的任职资格的限制也进行了相应规定。

②监事会的职权。按照我国《公司法》的规定，公司监事会具有以下职权。

第一，检查公司财务相关事项；

第二，对公司的董事、高级管理人员是否履行其公司职务进行严格监督，若这些人员出现违反法律法规、公司章程和股东会决议的行为，可以提出相关人员的罢免建议；

第三，对公司董事、高级管理人员进行严厉监督，发现这些人员采取损害公司利益的行为时，对这些人员提出警告，要求他们对有损公司利益的行为进行及时纠正；

第四，可以提议召开临时股东会会议，董事会不进行股东会会议的召集和主持的，由监事会进行会议的召集和主持；

第五，向股东会会议进行提案；

第六，若发现公司董事、高级管理人员有违反法律规定、危害市场经济秩序等行为时，可以依法对其提起诉讼；

第七，行使公司章程规定的其他职权。

(二)股份有限公司

1. 股份有限公司的资本与股东

股份有限公司的设立方式为发起设立方式，注册资本即在公司登记机关登记的全体发起人认购的股本总额。在发起人认购的股份缴足前，公司不可以向他人募集股份。对于法律、行政法规对股份有限公司注册资本实缴、注册资本最低限额另有规定的,按照相关规定实施。股份有限公司要按照法律规定进行资本增减。股份有限公司股东及其权利和义务是由相关法律以及公司章程共同规定的。

2.股份

股份是公司资本的最小计算单位,是股东权存在的基础,其通过股票的形式表现。股份具有以下几点特征:第一,股份具有平等性,即公司股份每一股基本金额相同,其包含的权利与义务也相同。第二,股份具有可转让性,即股份可以依法进行自由转让。第三,股份具有权利性,即股份可以体现股东权利。第四,股份具有证券性,这是因为股票是股份的表现形式,而股票是由公司签发的证明股东所持股份的凭证。

(1)股份的种类

按照股东享有股权内容进行分类,可以将股份分为普通股与优先股。普通股指由股份有限公司发行的,不具有特别权利的股份。持有普通股的人拥有平等的权利。优先股指由股份有限公司发行的,具有特别权利的股份,其有别于普通股。优先股具备优先分配盈利和剩余资产等特权,但其股东的表决权受到限制。

按照是否在股票上记载股东姓名进行分类,可以将股份分为记名股与无记名股。记名股是指股票上记载股东姓名的股份,记名股的转让需要通过背书交付的方式产生效力。无记名股是指股票上不记载股东姓名的股份,无记名股只需进行交付就可以进行股份转让。

按照股票是否标明金额进行分类,可以将股份分为额面股与无额面股。额面股是指在股票上标明一定金额的股份,无额面股是指在股票上不标明金额的股份。

(2)股份的发行

股份的发行可以分为两种,即设立发行和新股发行。

设立发行是指公司在设立过程中为筹集资本而发行股份的行为。在发起设立的情况下,第一次发行的公司股份由发起人全部认足,不开展社会募集;在募集设立的情况下,第一次发行的公司股份由发起人认购其中一部分,剩余部分向社会进行募集。

新股发行是指已成立公司再次发行股份的行为。股份的发行价格可以按照股份金额确定,也可以超过其股份金额发行,但是发行价格不可以低于公司股份金额。

股份的发行要遵循公平、公正的原则,保证同一种类的每一股份具有同等权利。同次发行的同种类股票,保证每股股票的发行条件和价格保持一致;所有单位或个人应该按照统一的价格进行公司股份的认购。

(3)股份的转让

股份的转让是指股东按照法律规定,将自身持有的股份转让给他人的行为。股份的转让应该在依法设立的证券交易场所进行,或者可以按照国务院规定的其他方法进行转让。

按照股份记名股还是无记名股的区别,其转让方式也存在差异。记名股的转让需要由股东以背书方式或以法律、行政法规规定的其他方式进行,并且要将受让人的姓名或名称及住所记载于股东名册。无记名股票的转让只要通过交付就可以发生效力。

在原则上股份可以自由转让,但是为了防止自由转让可能带来的不利,关于公司股份转让,相关法律进行了一定限制性的规定。我国《公司法》中规定,自公司正式成立之日起一年内,公司发起人不可以对其持有的本公司股份进行转让。公司的董事、监事、高级管理人员需要将其持有的本公司股份上报公司,若股份有变动需要及时向公司提出申报,并且,在任期间该类人员转让其持有的本公司股份的上限为其持有股份总数的25%;若公司股票上市,在交易之日起一年内不可以对其持有的本公司股份进行转让;若从本公司离职,在其正式离职之日起的半年内对其持有的本公司股份不可以进行转让。

3.股份有限公司的组织机构

（1）股东大会

①股东大会的性质和职权。股东大会是公司的权力机构，其成员由全体股东组成，不是公司的常设机构，对公司的重要问题进行决策。

②股东大会的召集。股东大会可以分为两种，即股东常会和股东临时会。股东常会指公司每年都必须召开股东大会，全体股东出席会议。按照我国《公司法》规定，每年必须召开一次股东大会。股东临时会指按照当时的实际情况，为了解决公司面临的问题而临时召开的股东会议。

按照规定，董事会召集股东大会，公司董事长主持会议。董事长不主持会议的，由副董事长主持；副董事长不主持会议的，由董事进行投票选出一名董事主持会议，该董事必须获得半数以上的投票支持才算有效投票。董事会不进行会议召集的，由监事会召集会议进行主持；监事会不进行会议召集的，连续90日以上单独或者合计持有公司10％以上股份的股东可以自行召集和主持。

在决定召开股东大会后，应该至少在会议召开前20日，通知公司的所有股东会议的时间、地点、审议的事项等情况；在决定召开临时股东大会后，应该至少在会议召开前15日，通知公司的各股东会议的时间、地点、审议的事项等情况。

③股东大会会议的议事规则。我国《公司法》对股东大会会议的议事规则有如下规定。在股东大会中，每一股公司股份可以代表一表决权，但是只有公司持有的股份有效，公司自身持有的股份并不具有表决权。

在股东大会中进行投票表决时，需要出席会议的股东所持表决权达到半数以上的同意，才可以对决议事项决定通过。在股东大会上进行公司章程修改，公司注册资本更改，公司合并、分立、解散或变更公司形式的决议，出席会议的股东所持表决权有超过三分之二表示支持的，决议才可以通过。通过股东大会进行公司的转让、受让重大资产或者对外提供担保等重要事项的决议时，董事会需要及时召集会议，对重要事项进行有效表决。

按照公司章程中相关内容的规定或是股东大会的决议，可以通过股东大会进行公正有效的投票，选举公司的董事、监事。这种方法可以实现公司小股东进行公司董事、监事参选活动。

股东可以委托代理人出席股东大会，被委托代理人将股东提供的授权委托书供公司查看，有效的代理人可以在股东大会上行使其授权范围内的权利。

股东大会要将议事内容进行记录并制作会议记录，会议结束后，会议主持者、出席会议全体董事都需要在会议记录上签名。

（2）董事会

①董事会的性质。董事会进行公司的经营决策和业务执行，按照法律规定对公司的经营活动进行管理。股份有限公司必须设立董事会。

②董事和董事长。根据我国《公司法》的规定，通过股东大会或创立大会的选举产生董事会，董事会应该由5～19人组成。

《公司法》第四十五条、第一百四十六条对股份有限公司的董事的资格和任期进行了一定规定。

股份有限公司的董事会设董事长一人，可以设立副董事长职位。要通过半数以上的董事投票选出公司的董事长和副董事长。

③董事会的职权。我国《公司法》对股份有限公司的董事会职权也进行了一定规定，其职权内容与有限责任公司董事会职权一致，在此就不再赘述，可以参见上文已经介绍过的有限责任公司董事会职权。

④董事会会议的召集。我国《公司法》对董事会会议的召集进行了规定，由董事长进行会议的召集和主持。规定股份有限公司每年至少召开两次董事会会议，并于会议召开前10日通知公司全体董事及监事；若董事会召开临时会议，可以根据情况选择召集董事会的通知方式和通知时限。

⑤董事会的议事规则。出席董事会会议的董事人数超过半

数以上才可以顺利召开会议。通过全体董事半数以上的董事同意,董事会作出的决议才可以通过,董事会决议的表决方式采用一人一票制。董事会会议要求董事本人出席会议,如果董事不能出席会议,需要书面委托其他董事代为出席,在授权委托书中要明确授权范围。董事会要记录其议事内容并制作成会议记录,出席会议的董事要在会议记录上签名。

为了避免董事进行盲目决议,《公司法》对董事对董事会决议的法律责任进行了规定。如果董事会的决议出现违反法律法规的内容,或出现违反公司章程、股东大会决议的内容,并因为该决议为公司带来了巨大损失的,支持该决议的董事需要承担相应的赔偿责任。对于参与了该决议会议,但在进行表决时明确提出异议并该行为记录于会议记录的董事,可以免除其赔偿责任。

⑥经理。公司经理是公司的高级管理人员,其主要工作内容是主持公司的日常经营。关于股份有限公司的经理职权,在我国《公司法》中有相应规定,其内容与我国有限责任公司经理职权一致,在此不再赘述,具体内容请参见上文对有限责任公司经理职权的描述。

(3)监事会

①监事会的性质。监事会是股份有限公司的监督机构,按照规定其成员不可以少于3人。

②监事。我国《公司法》规定,监事要由股东代表和一定比例的公司职工代表担任,按照公司章程规定确定具体比例。监事任期为每届3年,任期届满可以连选连任。公司董事、高级管理人员不可以兼任公司监事。

③监事会的职权。我国《公司法》对股份有限公司监事会职权的相关规定与有限责任公司内容一致,具体内容可以参见上文对有限责任公司监事会职权的描述。可以看出,我国《公司法》对有限责任公司和股份有限公司在组织机构职权方面采取的是统一的规定。

第二节 公司法相关案例分析

除了了解公司法的理论,还要通过实践分析进一步学习。本节通过几个公司法相关案例对公司法的内容进行事件分析。

一、案例一

2009 年,国有企业 A 决定进行企业改制并拟定相应计划。企业进行资产评估后,决定将其作价 150 万元出售,其中有 105 万元由该企业的 4 名管理人员进行认购,剩下 45 万元由企业剩下的 45 名员工进行认购,企业进行改制后成为 A 有限公司,其注册资本为 150 万元。2009 年 12 月,相关部门对其改制计划批准。A 有限公司的股份认购情况如下:原企业管理人员宋某认购了 105 万元中的 45 万元,剩余 3 名管理人员李某、王某、周某各自认购 20 万元,除此以外,公司剩余的 45 名员工各自认购 1 万元。当公司依法成立后,公司对认购人发放了公司出资证明书。

A 有限公司成立后,在公司内部设立了股东会、董事会、监事会。宋某担任该公司的董事长,同时担任总经理一职;周某担任公司监事会主席,同时担任财务负责人一职;李某和王某担任公司的董事。2012 年初,公司召开董事会议,在会议中提出变更公司的注册资本的相关事项,提议增加公司的注册资本至 300 万元,周某出席了该次会议并对增加注册资本的事宜表示赞成。所以在本次会议召开后,董事会就该事项发布了文件,说明本次增加注册资本的计划经具有公司 2/3 以上表决权的股东表决通过,所以属于有效决议,可以实施。

2012 年 4 月,A 公司的注册资本增加为 300 万元。其中,关于增加的 150 万元公司注册资本,宋某、周某、李某、王某各自认购 30 万元,剩余 30 万元新增注册资本由公司其他职工认购,此次增资进行了工商登记。同年 10 月，王某与其妻蓝某协议离婚，王某需要支付蓝某 25 万元补偿金，王某将其持有的 50% 公司股权根据协议抵偿蓝某，董事会批准通过了该股权移交协议。

2014 年 5 月，因涉嫌偷税，A 有限公司被有关机关立案侦查。在侦查中发现：2009 年公司进行改制时，宋某、周某、李某购买股权的资金均为原国有企业 A 的资金，是私自挪用原企业资金行为。2012 年公司进行注册资本增资时，宋某、周某、李某、王某四人均未实际出资，这部分资产是由公司新建办公楼评估后资产提供的，并且四人将这部分资产记入了他们各自名下。并且，公司有关偷税的行为是董事会在周某认可的情况下私自开展的，并未经过公司股东会的讨论。该案经法院判决，公司偷税罪成立，判处公司罚金 140 万元，宋某等人也分别被判处相应的刑罚。

问题：

1. 2009 年，公司进行改制时宋某、周某、李某、王某四人认购的公司股权是否有效？

2. 关于 A 公司的管理机构设置以及人事安排，是否存在法律问题？

3. 2012 年，A 公司董事会通过的增资决议是否有效？公司之后进行的增资行为是否有效？

4. 蓝某能否根据其补偿协议获得王某所持股权的 50%？

5. A 公司因被判处罚金所造成的 140 万元损失，应由谁承担赔偿责任？

回答：

1. 在 2009 年公司进行改制时，王某的出资有效，宋某、周某及李某的出资无效。原国有企业 A 的资金属于国有资产，宋某、周某及李某三人挪用原国有企业 A 的资金认购股权属于侵占、贪污行为，所以该三人的出资无效，对于这一部分股权应该认定无效后进行重新出售，并将所得资金上缴国家。

2. 该公司的机构设置合理合法，但公司人事安排存在问题，其管理人员的安排不合法律规定。我国《公司法》第五十二条规定:有限责任公司设立监事会,其成员人数不可少于3人。股东人数较少或者规模较小的有限责任公司,可以不设置监事会,但需要设置1~2名监事。由股东代表以及公司职工代表组成公司监事会,其中职工代表所占比例至少要达到1/3,具体人员比例按照公司章程的相关规定处理。并且,周某担任监事会主席一职,不应该同时担任财务负责人一职。

3. A公司董事会的增资决议和公司的增资行为是无效的。《公司法》第四十四条规定,股东会的议事方式和表决程序,除本法有规定的外,由公司章程规定。股东会会议进行修改公司章程、注册资本增减决议,公司的合并、分立、解散或者变更公司形式的决议,要通过超过代表2/3表决权同意。同时规定,如果公司股东会或者股东大会、董事会的决议内容违反法律、行政法规,则该决议无效。

4. 蓝某不可以根据其补偿协议获得王某所持股权的50%。王某的股权抵偿行为实际上是股权转让行为,我国《公司法》对这一部分内容进行了规定。《公司法》第七十二条规定:有限责任公司的股东如果要进行股权的转让需要得到超过半数以上的股东同意才算有效,但是股东之间可以进行股权的相互转让。股东进行该公司的股权转让想要得到公司其他股东的同意,需要进行书面说明并将该说明送至其他股东,收到说明书的股东可以表达自己的意见,如果股东收到书面说明后30日内没有进行答复的,则直接当作同意该股权转让请求。

5. A公司因被判处罚金所造成的140万元损失应该由宋某、李某、王某、周某四人对公司承担赔偿责任。

根据《公司法》第一百五十条规定,公司的董事、监事、高级管理人员执行公司职务时违反法律、行政法规或者公司章程的规定,并为公司带来损失的,应该承担相应的赔偿责任。

二、案例二

A股份有限公司(下称A公司)是一家上市公司,2015年4

月，A公司召开董事会会议，会议情况如下。

A. A公司董事会总共包括7位董事。其中张某、袁某、胡某、谢某4名董事出席该次会议；董事陈某因为正在出差中未能出席本次会议；董事左某因参加业界研讨会未能出席本次会议，他通过电话委托董事张某代理他出席会议并将自己的表决权授权于张某；董事刘某因为身体原因未能出席会议，他将其表决权授权给一名董事会秘书，让其代理出席会议行使权力。

B. 经过出席本次会议的董事的表决，决定将以下事项提交股东大会审议通过：第一，请求股东大会制订公司利润分配方案和弥补亏损方案、制订年度财务预算方案、决算方案。第二，董事会对监事会提交的报告进行审议批准，进行公司债券发行事宜的相关决议。

C. 因为A公司董事长事务繁忙，该会议决定设立3名副董事长，协助董事长执行其职务。

D. 为了保证公司的长期稳定发展，通过该次会议决定延长董事任期为每届5年。

E. 本次会议的相关事项逐一记录编制为会议记录，并由出席会议的全体董事和列席会议的监事签名。

问题：

1. 在A中关于董事会召开的情况有哪些不合法？

2. 在B中通过的会议事项中是否存在违法的地方？

3. 在C、D中对于董事会构成事项上是否存在不合法的地方？

4. 在E中对于会议记录的签名是否存问题？

回答：

1. 在A中关于董事会召开存在两个违法的地方。第一，我国《公司法》第一百一十三条规定：董事会会议，应该由董事本人出席。若董事不能出席会议的，需要通过书面委托的形式委托其他董事代为出席，并且在书面委托书中要明确其授权范围。在以上案例中，董事左某通过电话的方式委托董事张某代为出席，并通过电话授予其表决权利，是不合法的。第二，《公司法》中表明，委托代为出席的对象只能是公司董事,其他人员不可以作为委托出席董事会议的合法对象。所以在以上案例中,董事左某委托董事会秘书代为出席会议是不合法的。

2. 我国《公司法》第三十八条及第四十七条规定,制订公司利润分配方案和弥补亏损方案,制订年度财务预算方案、决算方案均是董事会的合法职权,所以这些事项不需要提交股东大会。对监事会的报告进行审议批准、对公司债券发行进行相关决议均属于股东大会的职权,董事会无权进行以上行为。

3. 我国《公司法》第一百一十条规定,股份有限公司可以设置副董事长职位,规定中并没有明确该职位的具体人数。我国《公司法》中还有规定,董事的具体任期按照公司章程中的内容确定,但是要保证每届任期最多为 3 年。在该案中,公司章程中关于董事任期的事项要更改为 5 年,这显然违反了我国《公司法》中的规定。

4. 我国《公司法》中规定,董事会会议需要将其所议事项进行记录,并将其进行整理作成会议记录,出席该会议的董事和会议记录员应该在该会议记录上签字。所以在该案中存在错误。首先,进行会议记录的会议记录员并没有在会议记录上签字。其次,列席会议的监事在会议记录上签字,但是这是不需要的。

三、案例三

因为市场出现重大变化,A 股份有限公司(以下简称 A 公司)经过股东大会决议通过决定解散公司。公司的 5 名董事组成清算组,在清算组组成之日起的 10 日内,其将公司解散以及相关事宜通知到公司债权人,并将公司解散的消息在规定的报纸上进行了公告,规定对自公告之日起 3 个月内未向其申报债权者,将不负清偿责任。B 公司与 A 公司之间贸易交往比较多,A 公司决定解散并开始清算时,A 公司欠 B 公司贷款 58 万元,根据贷款合同规定,该贷款于 6 个月后到付款期限。同时,A 公司与 B 公司之间存在一份并未履行完成的合作。双方在合同中约定，A 公司向 B 公司提供 10 台机械产品，合同款项 28 万元，并且该合同已到履行期限。在 A 公司通知的期限内，B 公司向其进行了债权申报，并提出对二者之间未履行的合同不再履行。B 公司提出该要求的理由是，A 公司已经解散，不再拥有履行合同的主体资格。

对于该如何处理 A 公司与 B 公司之间的债权债务，清算组成员产生了分歧。

甲、乙认为，A 公司应该按照合同约定将 10 台机械发送给 B 公司，并要求 B 公司向其支付价款。A 公司欠 B 公司的 58 万元贷款虽未到合同期限，但是 A 公司已经解散清算，为了避免 B 公司利益因此受到损失，应该对贷款进行清偿。所以所欠 58 万元扣除 10 台机械应收款 28 万元，A 公司应该向 B 公司清偿债务总额为 30 万元。

丙、丁、戊认为，B 公司拒绝 A 公司继续履行合同，属于违约行为，并且欠 B 公司的 58 万元贷款在 6 个月后才到期，所以 A 公司没有义务对 B 公司进行清偿。

根据多数人的意见，清算组决定按照合同约定将 10 台机械发货给 B 公司，未到期贷款不列入清算方案中清偿。4 个月后，A 公司清算终结，并到相关部门办理了公司注销登记，法人终止。但此时 B 公司虽然接受了 A 公司的 10 台机械，但仍有 30 万元债权得不到清偿，所以以清算组全体成员为被告向人民法院提起诉讼，要求赔偿损失。

问题：

1. A 公司通过股东大会表决的方式决议解散公司是否符合法律规定？

2. A 公司决议解散后成立的清算组由公司 5 名董事组成，这是否符合法律规定？

3. B 公司提出，因为 A 公司已经解散，不再履行它们之间的机械供应合同未履行部分，这是否符合法律规定？

4. A 公司所欠 B 公司的贷款是否应该列入清偿范围？

5.在 A 公司解散事件中,应该由谁对 B 公司的 30 万元损失承担责任?

回答:

1.我国《公司法》中规定,股份有限公司股东大会拥有决议解散公司的职权,所以案例中 A 公司的解散是合法的。

2.我国《公司法》第一百八十四条规定,股份有限公司的清算组由董事或者股东大会确定的人员组成。所以 A 公司在决议解散时,其清算组成员由股东大会确定是合法的。

3.B 公司不可以对机械供应合同单方解除。在 A 公司决议解散进行清算时,该合同已经到约定的履行期了,所以该合同内容应该属于我国《公司法》规定中的与清算有关的未了结的业务,这类业务需要由清算组处理,所以 B 公司无权单方解除该合同。并且,在公司清算期间,公司仍具有法人资格,只是其权利能力受到一定限制。

4.A 公司所欠 B 公司的贷款应列入清偿范围。根据《公司法》规定,在公司清算期间,要对公司现存的所有事务进行了结,终止全部对外法律关系,这其中就包括 A 公司所欠 B 公司未到期的贷款。

5.B 公司的损失应由丙、丁、戊承担连带赔偿责任。在 A 公司解散清算的过程中,B 公司在规定期限内向 A 公司依法申报了债权,将该债权列入清偿范围属于清算组的法定义务。在清算过程中,清算组违背其法定义务没有将 B 公司的债权进行债权登记和清偿,随着 A 公司解散注销,导致 B 公司的 30 万元贷款没有得到赔偿,所以清算组应该对这部分赔偿承担法律责任。我国《公司法》第一百九十条规定,清算组因故意或者重大过失给公司或者债权人造成损失的,应当承担赔偿责任。在以上案例中,关于 B 公司的债权损失问题清算组内部也有分歧,清算组的过失是由丙、丁、戊的过错行为造成的,所以应该由这三人承担赔偿责任。

第三章 税法的理论与案例分析

税法是调整税收征纳关系的法律规范的总称。调整国家与社会成员在征纳税上的权利与义务关系,保障国家利益和纳税人合法权益,是国家干预市场经济的重要机制。主要由税法总的概括、流转税、所得税、财产和行为税、资源税和税收管理等部分组成。

第一节 我国的税收法律制度概述

税收是一个国家的政府为了能够满足社会公众的需求,凭借社会公共权力而依法建立的制度以及能够重新进行国民收入分配的一种形式,其主要职能是满足国家的基本财政需要和对经济建设过程实施有效调控。它具有强制性、无偿性、固定性等特征。

一、税收的概念及作用

(一)税收的概念

税收是国家实现职能价值的过程,凭借其政治权力,主动参与到国民收入的分配与再分配的过程,按照国家相关法律的规定,强制性地、无偿地从社会组织和个人手中取得财政收入,所发生的一种特殊的分配社会资源的活动。税收是国家财政收入的主要来源之一,是政府能够为社会公共产品提供主要资金来源的渠道。

(二)税收的作用

税收职能是税收所具有的可以满足国家需要的能力。税收职能在不同的历史时期发挥着不同的历史作用。在现阶段,税收职能主要在以下几个方面发生作用。

1.税收是国家组织财政收入的主要形式和工具

税收制度是为了保障国家的财政收入而建立的重要法律制度。由于税收制度所具备的强制性、无偿性和固定性,所以能够保证其稳定的收入。1994 年税制改革以来,税收在国家财政收入方面的比重基本上都保持在 95% 的比例。

2.税收是国家调控经济的重要杠杆之一

为了使国家的政治、经济能够在全社会中全面健康地发展,我国在设置税收方面做出了针对税目、税率以及加成征收或者减免征收等方式,来调节社会的生产、交换、分配与消费。

3.税收具有监督经济活动的作用

国家在征收税款的过程中,为了能够监督经济活动的运行,首先,应该准确地计算出要征收的税款条目;其次,在企业生产经营的过程中,查清楚纳税人缴纳的税款是否存在问题,这样,国家的税务机关才能够找到其中的问题,并针对问题进行解决,实时地对问题进行监督管理。

此外,税收也是国家在对外经济交往中体现和维护国家主权的主要方面。

二、税法的概念和构成要素

(一)税法的概念

一般而言,税法是调整纳税收入关系的法律规范的总称。它是经济法的重要部门法,在经济法的宏观调控法中居于重要的地位。税法所调整的税收关系的范围不能过宽也不能过窄,是税法所特定的调整内容,不应将其他的法律法规所调整的社会关系包含在其中。依据法律规定,税法调整的税收关系包括如下几个方面。

1. 税收管理体制关系

国家权力机关与国家行政机关之间、上级国家机关与下级国家机关之间制定及解释税收法律规范、税的开征、停征以及减免等的权限分工和责权分工关系。

2. 税收收益分配关系

亦即税收收入基于税权的划分而在各级政府间进行分配而产生的关系。

3. 税收征纳关系

即征税主体与纳税人在税收征纳过程中所形成的权利义务关系,具体又可分为税收实体关系和税收程序关系。

4. 税收监督关系

在税收征收的过程时,征收的主体和纳税的主体之间需要建立一种互相监督的形式,来督促征税主体能够依法履行征收税务的职责,使纳税人依法履行纳税的义务。

(二)税法的构成要素

税法的构成要素是指构成税收法律制度的基本元素。税法构成要素一般包括征税主体与纳税主体、征税客体(又称征税对象)、税目、计税依据、税率、纳税环节、纳税期限和纳税地点、减免税与加征、违法处理。

1.征税主体与纳税主体

征税主体指的是能够代表国家行使征税权的税务机关、地方财政局和海关等。

纳税主体就是纳税人，是根据税法的规定负有纳税义务的社会上的个人与组织。每一税种都有相应的纳税人。为了使税收收入不流失，税收还实行税源缴扣原则，是指规定可以由社会组织和个人代缴代扣的纳税义务。

纳税义务人与负税人有时是一致的，纳税义务人就是税款的实际负担人。但也会存在不一致的情况，如在有些情况下，纳税义务人是生产和销售的企业，而实际的负税人是指消费商品的人，这种税负转移现象就是税负转嫁。

2.征税对象

征税对象是指对哪种物品需要征税，即在税收法律关系中征纳税双方权利义务共同指向的客体或者客观的事物。它主要是区分不同税种的一种标志。例如，流转税的征税对象是流转额，所得税的征税对象是所得额。

3.税目

税目是税法中所规定征税对象的具体项目，反映的是征税的具体范围，代表的是征税的广泛度。税目的作用在于能够明确征税对象的具体范围，以此制定出不同高低的税率，目的是为了体现国家的鼓励与限制政策。

4.计税依据

计税依据是计算应纳税额的依据。不同的税种，有不同的计税依据，如营业税的计税依据为营业额。计税依据还有计税金额与计税数量之分，即采用从价计征和从量计征方法计税。如原油的资源税是按原油的产量以吨定额计税，即从量计征。

5. 税率

税率是指在征税过程中所应征税额与征税对象之间的比例，是税收制度的中心环节，也是计算应征税额的标准。税率的高低，直接反映的是一个国家在一定时期内制定的税收政策和经济政策，直接关系到国家和纳税个人的收入与负担情况，税率是衡量税负轻重的重要标志。

6. 纳税环节

纳税环节是指在相关的纳税规定中对需要缴纳税款的商品缴纳税款的环节。能够确定一种税在哪几个环节中征收，如生产环节、批发环节、零售环节等。

7. 纳税期限和纳税地点

纳税期限是根据税法的规定纳税人缴纳税款的期限。税法规定不同的税收都有其缴纳的期限，这是税收的及时性所决定的。税法规定按日、月、季度或纳税年度纳税，有的按次纳税，即按从事应税行为的次数纳税。

纳税地点是征税的地方，一般纳税人的所在地区以及征税的对象所在地、应纳税行为发生地为纳税地点。

违法处理，是指对纳税人违反税法的行为所采取的处罚措施。

三、税收法律关系

(一)税收法律关系概念

税收法律关系，是指国家对纳税人进行征税和管理过程中，国家与纳税人之间形成的权利、义务关系。

(二)税收法律关系的特点

1.税收是以国家为主体的特定分配关系

税收法律关系中国家始终是征税方,由特定的国家机关(主要是税务机关)代表国家行使征税权。

2.税收的无返还性

在税收法律的关系中,征税方具有单方面的征收权利,纳税方也是单方面地具有纳税义务,纳税人在缴纳税款之后,相对地税款没有返还性,征税方不承担相应的补偿义务。

3.在税收法律关系中主体双方权利与义务不对等

在税收法律关系中主要是指法律关系主体双方在所处的地位上是不平等的,属于管理者和被管理者之间的关系,双方之间的权利与义务不对等。

(三)税收法律关系的要素

1.税收法律关系主体

税收法律关系主体是在税收法律关系中享有权利承担义务的人,包括征税主体和纳税主体。在我国,代表国家行使征税职责的是国家的税务机关,主要包含的是国家的各个税务机关、海关和财政机关;纳税主体则是根据相关的法律法规依法履行纳税义务的人,主要包括法人、自然人和其他的组织,以及包括在华的其他各国企业、组织、外籍人、无国籍人,以及在华虽然没有机构、场所,却所有来源于中国境内所得的外国企业或者组织。

2.税收法律关系内容

税收法律关系所包含的内容是在行使税收权利的过程中,税收法律关系主体享有的权利和应当承担的义务。

我国的税务机关所从事的主要是依法对税务的管理、税款的征收、税务检查和对违法者进行惩处的权力。依法计征，能够及时处理与纳税人在税收过程中所产生的争议申诉，以及及时将税款上缴国库等。纳税义务人的主要权利有对税法的了解权、发票的购买权、多缴纳税款退还权、延期纳税权、依法申请减免税权。请求国家赔偿权、对税务决定申辩权、申请复议和提出诉讼权等。其相关的义务主要还是按照税法的规定办理税务登记、进行纳税申报、接受税务检查、依法缴税等。

3. 税收法律关系客体

税收法律的关系客体是税收法律关系主体的权利和义务共同指向的对象，包括货币、实务和行为。

第二节　流转税法律制度及案例分析

流转税是以流转额为课税对象而设计征收的税种的统称。流转税一直在我国的市场经济中处于主导地位。流转税的课税对象是商品和非商品之间的流转额，一般它们之间的流转额大小不受提供商品和劳务的成本、费用高低的影响，纳税人要纳税的前提就是只要具有销售收入和劳务收入，即在生产流通过程中征税。

一、增值税

我国增值税所指的是在中国境内进行销售、加工、修理货物以及劳务，或者是以个人或者单位名义进口货物，实现的增值额为征税对象所征收的一种税。我国增值税的基本法律依据是1993年12月国务院发布的《中华人民共和国增值税暂行条例》和财政部所制定的《中华人民共和国增值税暂行条例实施细则》等。

(一)纳税人

1.一般规定

凡是在我国境内所销售以及出口的货物、商品所提供的应税劳务的个人与企业都是增值税的纳税义务人。主要包括企业和行政单位、各种事业单位、军事企业单位、社会团体和其他的个体户工商单位等。企业将其自身所具备的一些便利条件承包或者租赁给他人的,纳税的义务人就是承包者和租赁者。境外的单位或者个人在境内进行销售却没有经营的机构,则进行缴纳税款的纳税人为缴扣代理人,在没有代理人的情况下,购买者则为缴扣义务人。

2.特殊规定

为了对增值税征收进行严格管理,国家在《增值税暂行条例》中将纳税人分为一般纳税人和小规模纳税人,其依据是根据纳税人的企业经营规模的大小和会计核算是否健全来进行划分的。

对于小规模的纳税人的认定标准是:从事货物生产以及主要为生产货物所提供应税劳务的纳税人,并兼营货物批发或者零售的纳税人,年应税销售额在 50 万元以下的;其他纳税人年应税销售额在 80 万元以下的。对于小规模以外的纳税人是增值纳税人,为增值税的一般纳税人,企业是属于一般纳税人企业,必须在规定的期限内,向所在地的主管税务机关申请并办理一般纳税人的认定手续。

(二)征税范围

1.销售货物以及进口货物

销售货物,是指将货物的所有权有偿转让。进口货物是指经过申报后能够进入中国境内的货物。货物是指具备实体的有形的动产,能够带来经济利益的可以移动的资产物,包括电力、热力、气体在内。对于土地的销售、房屋的转让和其他的建筑不动产的转让,专利权、著作权、商标权以及商誉等无形的资产都不属于增值税的征收范畴。

2.加工修理修配劳务

提供应税劳务是指通过有偿的提供加工、修理以及修配劳务,能够从购买方获得货币、货物或者其他的利益。所谓加工劳务是指受到委托方的委托对货物进行加工所发生的劳务,委托方主要是提供原材料和主要材料,受委托方按照委托方的要求来对货物进行制造以及收取相应的费用;所谓的修理修配,是指委托方所拜托受托方对货物的损害或者功能的丧失进行的一系列的修复工作。

(三)税率与征收率

1.税率

我国对于一般纳税人的增值税所采取的是基本税率17%、低税率13%和零税率三种方法。

2.征收率

小规模纳税人的征收率统一降低至3%,小规模纳税人销售自己使用过的固定资产,增值税的征收率按2%进行征收;小规模纳税人销售自己所使用过的,除去固定资产以外的物品,所征收的增值税按照3%进行征收。

(四)计征办法

1.一般纳税人增值税的计征办法

一般纳税人销售的货物与提供的应税劳务,应纳税额为当期的销项税额在对当期进项税额进行扣除之后所得的余额,其计算公式为:应纳税额＝当期销项税额－当期进项税额。如果当期的销项税额没有当期的进项税额大的话,其不能够进行扣除,则转到下期再进行继续抵扣。

2.小规模纳税人增值税的计征办法

小规模纳税人所缴纳的应税劳务与所销售的货物,应当在不包含有增值税额的销售额与当前的征收率来计算应纳税额,不得进行抵扣进项税额。其计算公式为:应纳税额＝不含增值税额的销售额×征收率。

二、消费税

消费税是在对商品进行销售的过程中,对于特定的消费品和行为所进行征收的一种税。我国的消费税是指在中国境内所进行生产、加工、进口以及进行销售的应税消费品,在其销售额与销售数量上的一定环节中所进行征收的税额。现行消费税基本规范是 1993 年 12 月 13 日,国务院所颁布的《中华人民共和国消费税暂行条例》,并于 1994 年 1 月 1 日起正式实施的。

(一)纳税人

消费税的纳税义务人是指在中国境内所进行的一系列生产、经营、通过委托加工、进口销售等应税消费品的个人和单位。

(二)征税范围

我国现行的消费税是指在经营过程中,通过生产以及委托人所委托进行的加工、进口销售的应税消费品。

主要包括以下几个方面:一些特殊的消费品,过度的消费会给身体健康和社会秩序以及生态环境等方面所造成危害的消费品,例如烟酒、鞭炮;一些不属于生活中常用的或者奢侈品,例如玉石珠宝、首饰化妆品；高能耗及高档消费品，例如摩托车、小汽车；不可替代与不可再生的石油类消费品，例如柴油、汽油；具有一定财政意义的消费品，如汽车轮胎。

（三）税率

我国现行所设置的消费税有 14 个税目、27 个征税项目，含比例税率和定额税率两种税率。实行比例税率的分为 13 个档次，最高的为 56%，最低的为 2%。定额税率共有 4 个档次，黄酒每吨 240 元，啤酒每吨 250 元或 220 元，汽油、石油、溶剂油、润滑油每升 0.2 元，柴油、燃料油、航空煤油每升 0.1 元。

（四）计征办法

1. 实行从价定率办法的应纳税额的计算

实行从价定率计征办法的应税消费品以销售额为计税依据。其计算公式为：应纳税额＝销售额×税率。

2. 实行从量定额计征办法的应纳税额的计算

现行消费税仅对黄酒、啤酒、成品油等税目实行定额税率。其应纳税额计算公式为：应纳税额＝销售数量×单位税额。

3. 实行复合计征办法的应纳税额的计算

现行消费税的征税范围中，只有卷烟、白酒采用混合计算方法。其计算公式为：应纳税额＝应税销售数量×定额税率＋应税销售额×比例税率。

三、关税

关税是指海关根据相关的法律法规对进出口境内的货物与货品所征收的一种税，包括进口税、出口税和过境税。现行关税的基本法律规范是全国人民代表大会于 2000 年 7 月修正颁布的《中华人民共和国海关法》、国务院于 2003 年 11 月发布的《中华人民共和国进出口关税条例》《中华人民共和国海关进出口关税税则》及有关的规定和管理办法。

(一)纳税人

关税的纳税人是指在进出口货物的过程中,收货人以及发货人,进出口境内物品的所有人。

(二)征税对象

不同的税,征税对象所缴纳的税款不同。关税的纳税范围是指进出境的货物或物品。货物就是通过贸易的商品,而物品则是指出入境过程中旅客自身所携带的物品行李、所要寄出去的物品以及各种运输工具上服务人员的自身用品等,也包括通过其他的途径所进出口的个人物品。

(三)进出口税则

1. 税则税目

进出口税则是按照商品的品类进行编制的目录,目的是为了体现关税政策和方便货物的监管,由国家公布的对进出关境货物征收关税时适用的税率的法律规定,是进出口关税条例的组成部分。

2. 税率

(1)进口关税税率。税则的关键组成部分就是关税的税率。在不断与国际惯例进行接轨时我国在对外贸易政策的实施过程中,不断调整进口关税。为兑现加入 WTO 的承诺,我国的进口关税税率水平不断降低,2009 年已降到 9.8%。

(2)出口关税税率。我国征收出口关税的货物品种不多,只是对于需要进行调整或者规范进出口秩序的物品进行征收出口关税。中国2008年出口税则规定的出口货物(主要为限制出口的不可再生的资源类产品和国内紧缺的原材料)的税号共有88个,税率从20%至50%不等,共有5个差别税率。

(四)计征办法

关于从价计征,从价计征的计算公式为:应纳税额＝完税价格×关税税率。

关于从量计征,从量计征的计算公式为:应纳税额＝货物数量×单位税额。

关于复合计征,复合计征的计算公式为:关税税额＝从价关税＋从量关税。

四、案例分析

进口货物再出口

背景: A公司是某奢侈品牌在中国的独资贸易公司,所销售产品全部从香港关联公司进口并在国内通过专卖店零售。现某些产品滞销,公司不愿意采取降价处理等方式销售,而是希望统一由境外关联公司集中处理。

问题: 如何实现货物的出口?有几种可行的方案?相应的税负如何?

方案一: 货物退运出境,由香港关联公司退还进口价格。

分析: 出口环节没有税负;进口环节发生的关税无法退还;进口环节发生的增值税须作进项转出。A公司的税负为:进口关税＝100＊10%＝10,进口环节增值税＝(100＋10)×17%＝18.7,A公司总税负＝10＋18.7＝28.7。

方案二: 货物按原价销售给香港关联公司,由香港关联公司退还进口价格。

分析: 出口无法取得退税;出口视同内销;进口环节发生的增

值税可以抵扣。A 公司的税负为:进口关税＝100×10％＝10,进口环节增值税＝(100＋10)×17％＝18.7,视同内销销项税＝100/(1＋17％)×17％＝15,A 公司总税负＝10＋15＝25。

两方案比较:方案二税负较低。其他考虑:退运要求原进口文件齐全、所得税方面的影响。

第三节　所得税法律制度及案例分析

所得税是以个人和法人的所得为征税对象的一类税。根据纳税人属性不同,大致分为公司所得税和个人所得税两种。所得税有以下特点:一是所得税为直接税。所得税是纯粹的直接税,它是根据纳税人的纳税能力予以课征的,税负由纳税人本身承担,一般不会发生转嫁。二是所得税是累进税。以调节不同所有者的收入,做到税负公平。三是所得税是综合税。

一、企业所得税

企业所得税是指在企业取得经营许可之后,以生产经营所得为征税对象所征收的一种税。现行企业所得税是 2007 年 3 月 16 日国务院颁布的《中华人民共和国企业所得税法》及 2007 年 11 月 28 日通过的《中华人民共和国企业所得税法实施条例》,并于 2008 年 1 月 1 日起施行。

(一)纳税人

在中华人民共和国境内通过企业或者其他的组织所取得收入的,都视为企业所得税的纳税人,应当依照法律程序进行缴纳企业所得税。企业分为居民企业和非居民企业,其中居民企业指的是在中国境内所依法成立的,或者是由中国境内企业所管理但是依照外国法律所运行与管理的企业机构;非居民企业就是所设立的企业不在中国境内,却由中国的法律体制所监管的,以及在中国境内设立机构、场所,或者是所设立的场所、机构来源于中国境内的企业。

(二)征税对象和征税范围

居民企业所缴纳的企业税是来源于中国境内或者境外的所得。

非居民企业通过在中国境内所设立的机构以及场所,来源于中国境内所得的,都应当缴纳企业所得税。

(三)税率

企业所得税实行比例税率,是根据不同的企业所得税缴纳的情况来制定的,适用于居民企业和我国境内机关所设立的非居民企业,其基本税率是 25%。对于非居民企业,在我国境内设立机构、场所的,或者没有建立机构或者场所的,其来源于中国境内的所得适用 20% 的税率,实际征收 10%。对于符合条件的各种小型的微利企业,所征收的企业所得税按照 20% 来进行,在国家需要重点扶持的高新技术企业,所征收的企业所得税为 15%。

(四)计税依据

企业所得税的计税依据是指通过企业纳税年度的收入总额,扣除掉免征税收、不征税收入和在将各项扣除之后,所允许弥补的以前年度亏损后的余额为应纳税所得额。

二、个人所得税

在我国,个人所缴纳的所得税是指在对中国境内有居所、住所,或者无住所却在境内居住满一年的个人,就其来源中国的境内和境外所得,所征收的一种税。

现行个人所得税的基本法律规范包括:1993 年 10 月 31 日第

八届全国人大第四次会议通过的,于 1994 年 1 月 1 日起施行的《中华人民共和国个人所得税法》;2005 年 10 月 27 日第十届人大常委会第十八次会议第三次修订通过并于 2006 年 1 月 1 日起施行的《中华人民共和国个人所得税法》;以及 2008 年 2 月 18 日温家宝总理签署国务院令公布,自 2008 年 3 月 1 日起施行的《国务院关于修改〈中华人民共和国个人所得税法实施条例〉的决定》。

(一)纳税人

个人所得税的纳税义务人,包括两个方面,既含有居民纳税义务人,也有非居民纳税义务人。对于居民纳税人,必须是来源于中国境内、境外的全部所得,负有完全的纳税义务,缴纳个人所得税;而非居民纳税义务人仅就其来源于中国境内的所得,缴纳个人所得税。

1.居民纳税人

居民纳税人是指在中国境内居住、有居住场所、或者没有住所但是在中国境内居住已经满一年的个人,都负有纳税的义务。

2.非居民纳税人

非居民纳税人是指不是长期习惯性地在中国境内有居住地,且不是长期地居住在中国,或者居住在中国不满一年的个人,在一个纳税年度内,可承担有限的纳税义务。

(二)征税对象

我国个人所得税实行分类计征的方式,确定征税对象,所包括的内容有:工资、薪金所得;个体户或者商户生产和经营的所得;承包或者租赁经营所得;经过劳动所得的报酬;特许权的使用费所得;经营所得的利息、股息以及分红;将房屋或者财产进行租赁或者转让所得(财产转让所得是指个人转让有价证券、股权、建筑物、土地使用权、机器设备、车船以及其他财产所得);偶然所得

（是指个人通过得奖、中奖、中彩票等其他的偶然性所得）；征税的其他所得（经国务院财政部门所确定）。

（三）税率

我国个人所得税采用分类所得税制，对不同的所得项目分别确定不同的适用税率和不同的税率形式。采用的税率形式分别为比例税率和超额累进税率。适用的税率具体规定如下。

工资、薪金所得，适用九级超额累进税率，税率为5%～45%，见表3-1。

表3-1　个人所得税税率表

单位：元

级数	月收入	现应交税	税负（%）	税法修改后应交税
1	3500	125	3.57	0
2	4000	175	4.38	15
3	4500	250	5.56	30
4	5000	325	6.50	45
5	6000	475	7.92	145
6	8000	825	10.31	345
7	10000	1225	12.25	745
8	15000	2225	14.83	1870
9	20000	3225	16.13	3120
10	30000	5625	18.75	5620

个体工商户的生产经营所得和对企事业单位的承包经营、承租经营所得以及个人独资企业和合伙企业的生产经营所得，适用5%～35%的五级超额累进税率，见表3-2。

表3-2　个人所得税税率表

级数	全年应纳税所得额	税率(%)	速算扣除数/元
1	不超过5000元的部分	5	0
2	超过5000～10000元的部分	10	250
3	超过10000～30000元的部分	20	1250
4	超过30000～50000元的部分	30	4250
5	超过50000元的部分	35	6750

稿酬所得,适用比例税率,税率为20%,并按应纳税额减征30%,故实际税率14%。

劳务报酬所得,适用比例税率,税率为20%,对劳务报酬所得一次收入畸高的,可以实行加成征收。见表3-3。

表3-3　个人所得税税率表(劳务报酬所得适用)

级数	应纳税所得额	税率(%)	速算扣除数/元
1	不超过20000元的部分	20	0
2	超过20000～50000元的部分	30	2000
3	超过50000元的部分	40	7000

特许权使用费所得,利息、股息、红利所得,财产租赁所得,财产转让所得,偶然所得和其他所得,适用比例税率20%。

(四)个人所得税应纳税所得额的确定

应纳税所得额是个人取得的各项应税所得减去税法规定的扣除项目或扣除金额之后的余额。其中费用扣除标准分别为:工资薪金所得、对企事业单位的承包承租经营所得,采用定额扣除的办法,即按月扣除2000元的费用;个体工商户的生产经营所得,扣除与取得收入相对应的成本、费用、损失等;劳务报酬所得、稿酬所得、特许权使用费所得、财产租赁所得,每次收入在4000元以下的,定额减除费用800元;每次收入在4000元以上的,定率减除收入的20%。财产租赁所得在上述基础上可每月另行扣除不超过 800 元的修缮费用;财产转让所得,扣除财产原值和合理费用;利息、股息、红利所得、偶然所得及其他所得,不允许扣除任何费用。

(五)个人所得税收优惠

1.免征个人所得税项目

省级人民政府、国务院部委和中国人民解放军等单位,以及国外的组织或者国际上组织机构所颁发的教育、技术、文化、体育、卫生以及环境保护等方面的奖金;国债以及国家所发行的金融债券利息;补贴、津贴;福利费、抚恤金以及救济金;关于保险的赔款;军人在转业或者复员时的一些费用;通过国家的统一规定,给干部或者职工的安家费、对于退休工人的工资、离休工资或者离休的生活补助等费用。

根据我国相关的法律规定,应免税的各国驻华使馆以及领事馆的外交代表、在领事馆工作的官员和其他的工作人员所得;中国政府参加国际公约以及在签订协议过程中所规定免税的所得;对见义勇为的人员予以奖金和奖品,免征个人所得税;个人所得的教育存储利息、通过国务院财政部门的专项存储存款或者存储性专项基金的存款利息所得;储存机构内从事缴扣工作的办税人员取得扣缴利息税手续费所得;以单位为主体的对于个人所缴付的养老保险费、基本的医疗保险费、相关的失业保险费、住房公积金等或者帮助个人所缴付的经国务院财政部门批准免税的所得。

2.减税项目

对于因自然灾害所造成重大损失者;因身体有残疾和孤寡老人以及烈属所得;其他经过国务院财政部门准许减征的。

(六)计征方法

1.纳税申报方法

个人所得税纳税申报方法主要有两种,一种是代扣代缴,另一种是自行申报纳税。

2.自行申报纳税的地点

自行申报纳税的地点一般是收入的来源地的主管税务机关。纳税人如果是从两处或者两处以上的地点取得工资、薪金的,可以任选一处作为固定税务机关申报纳税的地点;若是从境外取得所得的,应向境内户籍所在地或经常居住地税务机关申报纳税。

3.申报纳税方式

个人所得税的申报纳税方式有好多种,主要的是由本人直接申报、委托他人代为申报和邮寄方式申报等。

三、案例分析

案例:2010年5月,A公司为股东个人甲购买汽车一辆,支付车价10万元,相关税费1万元,拍卖牌照费用4万元,该车辆所有权登记为甲个人,同时,该车也为该公司经营使用。

分析:甲取得A公司为其购买车辆,即实质为A公司以实物方式对甲进行了红利分配,应按"利息、股息、红利所得"项目,以A公司为甲购买车辆支付的金额(车价10万/元、相关税费1万/元、拍卖牌照费用4万/元合计金额15万/元)为应纳税所得额计征个人所得税。

由于该车辆同时为甲和A公司经营共同使用,在计算应纳税所得额时,可将A公司实际支付的车价和相关税费(不包括车辆牌照的拍卖费用)的50%(车价与相关税费共计11万元×50%)

减除后,按适用税率 20% 计算应纳个人所得税税额。

甲应纳个人所得税税额=[车价 10 万元+相关税费 1 万元+拍卖牌照费合 4 万元-(车价 10 万元+相关税费 1 万元)×50%]×税率 20%=1.9 万元。

该笔税款应由 A 公司弋扣代缴。

第四节　财产和行为税类法律制度及案例分析

财产税是指对拥有财产的法人和自然人的财产的数量和价值所征收的一种税。行为税则是针对行为发生的目的征收,是对某些法定行为所征收的一种税。财产和行为税类法律制度主要讲述房产税、车船税、印花税和契税。

一、房产税

房产税所针对的征收对象是房屋,所征收税率的依据是根据房屋的计税余值或租金的收入,向产权的持有人进行征收的一种财产税。现行的房产税是第二步利改税以后开征的,1986 年 9 月 15 日国务院正式发布了《中华人民共和国房产税暂行条例》,自当年 10 月 1 日开始实施。房产税的特点:由于房产税的征收对象只是房屋,属于个别财产税;仅限于对城镇中经营性的房屋进行征收;区别房屋的经营使用方式中规定征税办法,对于自用的房产按照房产计税余值征收,对于出租、出典的房屋按租金收入征税。

(一)纳税义务人

房产税的纳税义务人包括以下几方面。

纳税义务人只是经营管理的单位,但是产权是属于国家的;

集体和个人是产权的所有者,集体和个人就是纳税人;

产权出典的,由承典人纳税;

房屋的使用者和代管理者为纳税人的前提是,当房屋的产权人或者承典人不在房屋的所在地的情况下;

房屋产权在出现因租典问题产生纠纷时,纳税则是由房屋的代言人和使用者缴纳;

无租使用其他房产的问题;

纳税单位或者个人在使用房产管理的部门、免税单位以及纳税单位的房产时,没有租金的情况下,经由使用人来缴纳房产税。

(二)征税对象和征税范围

房产税的征税对象是房产。房产就是指由屋面和围护结构,能够为人们遮风挡雨,以及为人们提供生产、生活以及学习、工作、娱乐的场所。对于独立于房屋的建筑物如围墙、暖房、水塔、烟囱、室外游泳池等都不属于房产,但是室内游泳池属于房产类。

由于房地产企业在开发前对商品房进行出售,对于房地产来说出售前的房子属于商品。房地产开发企业所建造的商品房,未出售的都不征收房产税;对于已经出售以及已经租售的商品房,要按照规定征收房产税。

征税范围:城市、县城、建制镇、工矿区,不包括农村的房屋。

(三)计税依据

按照房产余值征税的,称为从价计征;按照房产租金收入计征的,称为从租计征。

房产税按照房产原值的一次减除 10%～30% 后的余值计算缴纳。扣除的比例由当地政府规定。房产原值所包括的是在房屋之间的不能够分割出去的附属设备,以及不能够单独计算其价值的配套设备,主要包括通风、卫生设备以及暖气等。纳税人如果对其房屋进行改造、修建等,房屋的价值也会相应地增加。

还应注意以下三点问题。

第一,对于投资联营的房产,在征收其房产税的时候应当区别对待。对于共同承担风险的,应该按照房产的余值作为计征房产税的依据;对收取固定收入的,应该由出租方按照租金来收取计缴房产税。

第二,对于融资租赁房屋的情况来说,通过计征房产的余值在计征的过程中来进行计算。当地的税务机关对于租赁期内的房产税根据实际的情况做出决定。

第三,对于新建房屋在交付使用的过程中,在设备中所包含的部分,例如中央空调,就将其房产的原值中计入中央空调设备;对于旧房安装空调等设备时,一般是作为个人的固定资产入账的,不应当将其计入房产的原值中去。

从租计征是房产出租,以房产租金收入为房产税的计税依据。

(四)税率

按房产余值计征的,年税率为1.2%;按房产出租的租金收入计征的,税率为12%。但对个人按市场价格出租的居民住房,用于居住的,可暂减按4%的税率征收房产税。

(五)应纳税额的计算

从价计征的计算:从价计征是按房产的原值减除一定比例后的余值计征,其公式为:

应纳税额＝应税房产原值×（1－扣除比例）×年税率(1.2%)

从租计征的计算:从租计征是按房产的租金收入计征,其公式为:

应纳税额＝租金收入×12%

二、车船税

车船税是指经过我国境内途中的公共车辆以及航行在我国

的境内海域、湖泊以及河流中的车船按照种类定额征收的一种税。2006 年 12 月 29 日重新修订《车船税暂行条例》，自 2007 年 1 月 1 日起实施。

（一）纳税义务人

车船税的纳税人是指在中国境内的车辆、船舶的管理者或者所有者。如果是租赁关系的情况下，由租赁双方商定来确定纳税的一方，如若不能确定，则使用者为纳税人。

（二）征税范围

对在我国境内所有行驶的车辆以及航行于境内河流、海洋以及湖泊等的船舶，包括机动车和非机动车、机动船和非机动船征税。

应纳税额的计算方法：应纳税额＝计税依据×单位税额

三、印花税

印花税是指以书立、使用和领受凭证的行为，主要表现在经济活动和经济交往中，为征税对象征收的一种税。1988 年 8 月 6 日国务院发布并于同年 10 月 1 日起实施的《中华人民共和国印花税暂行条例》，其条例的主要内容如下。

（一）纳税义务人

印花税是指纳税义务人在中国境内所使用的以及通过书面设立以及领受的条例凭证，包括单位或者个人。具体是包括设立合同的人、设立收据的人、账簿的设立人、领受人、使用人以及各类电子应税凭证的签订人。

（二）征税对象

印花税是指只对印花税条例所列举出的凭证征税。具体包括五类：合同本身或者具有合同效应的凭证，产权的转移书据，营业过程中的账簿，营业许可证，以及经过财政部门所确定征税的其他凭证。

(三)计税依据

印花税根据不同征税项目，分别实行从价计征和从量计征两种征收方式。

1.从价计税情况下计税依据的确定

第一种是指各种经济性质的合同，合同上对于金额或者收入、费用的记载作为依据；第二种是指产权转移书据中所记录的金额为依据；第三种是资金的营业账簿，实收的资本和资本公积两项的合计金额为依据。

2.从量计税情况下计税依据的确定

实行从量计税的其他营业账簿和权利、许可证照，以计税数量为计税依据。

(四)印花税的税率

现行印花税采用比例税率和定额税率两种税率。

1.比例税率

比例税率分为四档，分别是 0.1%、0.03%、0.05% 和0.005%。

2.定额税率

适用定额税率的是权利许可证照和营业账簿税目中的其他账簿，单位税额均为每件5元。

应纳税额的计算方法：应纳税额＝应税凭证计税金额(或件数)×适用税率

四、契税

契税是财产税的一种,以中国境内的土地转移、房屋的产权转移为征税的对象,向产权的承受人征收的税。现行的《中华人民共和国契税暂行条例》于 1997 年 10 月 1 日起施行。契税的主要特点是:契税属于财产的转移税;契税由财产的承受人所缴纳。

(一)计税依据

契税的计税依据为不动产的价格,具体有 4 种。

按成交价格计算。成交价格是指经过双方的敲定,从而制定出合同,税务机关依据合同来直接计税。这种计税方式主要适用于对国有资产土地的使用与转让、出售以及房屋买卖。

根据市场价格计算。主要是通过将土地的使用权进行赠送,它们价格的确定方式是根据市场需求价格确定的,而不是土地与房屋原值。

依据土地、房屋交换差价定税。

按照土地收益定税。

(二)征税对象

契税的征税对象是境内转移的土地、房屋权属。具体包括六项。

土地使用权的出让;土地使用权的转让;房屋买卖;(以下几种特殊情况,视同买卖房屋。一是以房产抵债或者实物交换房屋;二是用房产作为投资或者以股权方式转让;三是重新修建或者买房拆料。)房屋赠予;房屋交换;承受国有土地使用权支付的土地出让金。

应纳税额的计算公式:应纳税额＝计税依据×税率

五、案例分析

车船税案例

案例:某运输公司有货车挂车 10 辆,净吨位 5 吨。另有卡车 8 辆,净吨位 3.7 吨。仅供内部行驶的平板货车一辆,接送职工面包车一辆(18 人座)。1 月还新添 3 辆卡车,当月投入使用,每辆净吨位为 2 吨。当地政府规定载货汽车单位税额为 60 元/吨,30 座以内乘人汽车单位税额为 250 元。

要求:计算该单位全年应纳车船税多少?

(1)货车挂车,按机动车税额的 7 折计税:应纳车船税＝10×(60×70％)×5＝2100(元)。

(2)卡车按净吨位征税,净吨位尾数半吨以下按半吨计算,超过半吨,按 1 吨计算。应纳车船税＝4×60×8＝1920(元)。

(3)仅供内部行驶的平板货车免税。

(4)接送职工面包车按"辆"计税:应纳车船税＝1×250＝250(元)。

(5)新添卡车自使用之月纳税应纳车船税额＝3×60×2＝360(元)。

该单位当年应纳车船税＝2100＋1920＋250＋360＝4630(元)。

第五节 资源税类法律制度及案例分析

资源税类所选择的对象是以自然环境中的各种资源,调节资源级差收入并能够体现国有资源有偿使用的一种税。具体包括资源税、城镇土地使用税、耕地占用税等。这里只介绍资源税与城镇土地使用税。

一、资源税

资源税是指在我国境内所开采的各种原油、天然气、煤炭以及其他的各种有色矿物质，以个人及单位从中获取的收入来征收的税。现行资源税的基本规范，是 1993 年 12 月 25 日国务院颁布的《中华人民共和国资源税暂行条例》。

资源税的计算方法是根据定量来征收的，通过实施"普遍征收，级差调节"的原则。普遍征收是指在我国境内所开发的一切的应税资源对其征收资源税，级差调节则是通过对我国的资源贮存状况、开发的条件以及资源的优劣和地理位置等各种因素影响下所产生的收入差距，根据实施差别税额标准来进行调节。对于资源相对好的地方，所征收的税额较高一些，反之则低一些。

(一)资源税的纳税人与扣缴义务人

在中国境内矿产品或者开采盐的个人以及企业都属于资源税的纳税人。

中外合作所进行石油、天然气的开采，根据规定只征收矿区的使用费，而不对其资源税进行征收。因此，中外合作天然气和石油的开采企业都不是资源税的纳税人。

收购未税矿产品的单位为资源税的扣缴义务人。收购未税矿产品的单位是指独立矿山、联合企业和其他单位。

(二)征税范围

应当征收资源税的矿产品和盐共有七类，包括原油、天然气、煤炭、其他非金属矿原矿、黑色矿原矿、有色金属矿原矿和盐。

(三)税目和税额幅度

原油为 8～30 元/吨；天然气为 2～15 元/千立方米；煤炭为0.3～5 元/吨；其他非金属矿原矿为 0.5～20 元/吨或者立方米；黑色金属

矿原矿为 2～30 元/吨;有色金属矿原矿为 4～30 元/吨;固体盐为 10～60 元/吨,液体盐为 2～10 元/吨。

(四)资源税的税额计算

纳税人开采或生产的应税产品用于销售的,计算公式为:

$$应纳税额＝销售数量×单位税额$$

纳税人将开采或生产的应税产品自用或捐赠的,计算公式为:

$$应纳税额＝自用数量或捐赠数量×单位税额$$

扣缴义务人收购未完税产品,于收购环节代扣代缴资源税,计算公式为:

$$应代扣代缴资源税＝收购数量×单位税额$$

(五)资源税的减免

开采原油过程中用于加热、修井的原油,免税。

在开采或者生产应税产品的过程中,纳税人因为意外事故或者自然灾害遭受到重大的损失,由当地政府根据实际发生的情况进行减税或免税。

国务院规定的其他减税、免税项目。

二、城镇土地使用税

城镇土地使用税的征收对象是指征收范围内的土地,以实际的土地占用面积为计税依据,对土地使用权的拥有者所征收的一种税。现行城镇土地使用税的基本规范,是 2006 年 12 月 30 日国务院第 163 次常务会议修改并通过的《中华人民共和国城镇土地使用税暂行条例》。

对土地的使用税征收的过程,是调节或者提升对土地资源管理的过程,能够促进资源的合理利用以促进节约使用,提高其经济效益。针对不同的地区、不同地段的土地使用之间进行差别收入,能够促进企业加强经济核算、理顺国家与土地拥有者之间的分配关系。

(一)城镇土地使用税的纳税人

在城市、县城、城镇、工矿区等范围内使用土地的单位或者个人,都属于城镇土地使用税的纳税人。主要包括国企单位、集体企业、私营企业、股份制企业、外商投资企业、外国企业以及其他的企业和事业单位、国家机关、社会团体以及军事单位等;个人包括个体工商户以及其他个人。

(二)城镇土地使用税的适用税额

大城市 1.5～30 元/平方米;中等城市 1.2～24 元/平方米;小城市 0.9～18 元/平方米;县城、建制镇、工矿区 0.6～12 元/平方米。

计税依据是城镇土地使用税以纳税人实际占用的土地面积为计税依据。

应纳税额的计算公式为:应纳税额＝计税土地面积×适用税额。

(三)税收优惠

下列土地免缴土地使用税。

国家的相关机关、人民团体以及军队所使用的土地;

由国家的财政部门拨付的事业单位作为经费使用的土地;

宗教寺庙、公园、名胜古迹自用的土地;

市政街道、广场、绿化地带等公共用地;

直接用于农、林、牧、渔业的生产用地;

经过国家批准的用于开山填海的土地或者改造的废弃土地,从使用的月份起免缴土地使用税为 5～10 年;

由财政部另行规定免税的能源、交通、水利设施用地和其他用地。

三、案例分析

案情简介：

某开发公司作为政府融资平台，从事成片土地开发、基础设施开发建设等业务。2013 年 3 月，地税部门检查发现该企业于 2011 年 10 月购得郊区一 40 万/平方米的土地，土地出让合同约定 2011 年 11 月底前交付给企业。

企业取得该地块后暂未进行实质性开发，并认为土地没有投入使用也就不需要缴纳城镇土地使用税。

税法分析：

《中华人民共和国城镇土地使用税暂行条例》第九条规定，新征用的土地，依照下列规定缴纳土地使用税：（一）征用的耕地，自批准征用之日起满一年时开始缴纳土地使用税；（二）征用的非耕地，自批准征用次月起缴纳土地使用税。

根据《财政部、国家税务总局关于房产税城镇土地使用税有关政策的通知》（财税〔2006〕186 号）的规定，对纳税人自建、委托施工及开发涉及的城镇土地使用税的纳税义务发生时间，由纳税人从取得土地使用权合同约定交付土地时间的次月起缴纳城镇土地使用税；合同未约定交付土地时间的，由受让方从合同签订的次月起缴纳城镇土地使用税。

因此，该开发公司根据合同约定已于 2011 年 11 月底前拿到该土地使用权，不管是否进行开发，都应该从 2011 年 12 月起申报缴纳城镇土地使用税。

根据上述规定，税务机关对该公司 2011 年 12 月及 2012 年全年做出了补税、加收滞纳金及罚款的处理。

第六节　税收管理体制和征收管理体制

　　税收征收管理法是我国税收管理的主要法规,它是规范税收征纳过程中发生的税收关系的法律规范的总称。1992 年 9 月 4 日,第七届全国人民代表大会常务委员会第二十七次会议审议通过了《中华人民共和国税收征收管理法》(以下简称《税收征收管理法》),1995 年 2 月 28 日第八届全国人民代表大会常务委员会第十二次会议对该法作了个别修订,2001 年 4 月 28 日第九届全国人民代表大会常务委员会第二十一次会议通过了《关于修改〈中华人民共和国税收征收管理法〉的决定》,对《税收征收管理法》作了较多的修改。经过修改的税收征收管理法,制度更加规范,更具可操作性。

一、税收征收管理机关

　　税收主管机关:财政部和国家税务总局为税务主管部门,在各自权限内,主管全国税收管理工作。
　　税务机关:税务机关指国家税务局和地方税务局。
　　地方财政局:地方的财政局主要是负责对农业税、牧业税、耕地的占用税、契税的征收以及管理等。
　　海关:海关主要负责关税的征收和管理。

二、税务管理

　　税务管理是指税务机关在税收征收管理的过程中对具体征纳的组织实施、指挥及其形成的相关管理制度,是税收征收管理的主要内容,也是税收的基础管理。税务管理主要包括税务登记、账簿、票证管理和纳税申报三方面的内容。

三、税款征收

税款征收是税务机关将纳税人依照税法应向国家缴纳的税款及时足额地收缴国库的一系列管理活动的总称。

(一)税款征收方式

税务机关对纳税人所征收税款的方式是通过查账征收、查定征收、定期定额征收等税款征收方式,从稽核计算到缴库所实行的具体的方式。

(二)延期纳税

在缴纳税款的过程中,纳税人可能会出现一些特殊困难的情况,不能及时地缴纳税款,可经由县级以上税务局(分局)批准,使纳税人延期缴款,但是不能超过 3 个月的期限,在此过程中不加收滞纳金。

(三)滞纳金

纳税人未按照规定及时缴纳税款,税务机关在其缴纳税款期限内,从滞纳税款之日起,按日加收滞纳税款 0.05% 的滞纳金。

(四)强制执行措施

对逾期仍未履行纳税义务的,税务机关可依法采取强制性措施。对于没有履行纳税义务的纳税人,在没有结清税款,以及没有担保又欲出境,税务机关对于此类纳税人应当阻止出境。强制执行的措施有:书面通知纳税人,从扣缴义务人或纳税担保人的银行存款中扣缴税款;扣押、查封以及拍卖纳税人的相关财产价值或者其他的商品货物,以拍卖所得来抵缴税款。

第四章 金融法的理论与案例分析

现代市场经济在不断发展的过程中,有了自己的核心,就是金融。同时金融也是商品经济高度发展的最终产物,它把生产、交换、分配和消费的各个环节都巧妙地连接在了一起。可以说,金融是社会生产和再生产经济活动的中枢。改革开放以来,金融法作为宏观上的经济法律制度,得到了迅速发展,其地位和作用在我国经济生活中日益突出。

金融法,简言之就是针对金融管理关系、金融业务关系和金融机构或金融组织的内部关系进行调整的一个法律规范系统。

第一节 中央银行法律制度

中国人民银行自 1948 年 12 月 1 日成立以来,一直在我国社会主义革命和社会主义建设中发挥着重要的作用。但是,在改革开放前,由于当时是计划经济体制,银行作为金融管理机构所起到的作用局限性较大,银行管理体制相对来说高度集中统一,机构也是相对单一,业务范围狭窄,对于中央人民银行的地位也没有明确的法律规定。

1983 年 9 月 17 日,国务院发布了《关于中国人民银行专门行使中央银行职能的决定》。该决定针对中国人民银行是国务院领导管理全国金融事业的国家机关,不对企业和个人办理信贷业务,集中力量研究和做好全国金融的宏观决策,加强信贷资金管理,保持币值稳定方面作了明确的规定。1986 年 1 月 7 日国务院发布的《中华人民共和国银行管理暂行条例》,是第一部关于金融管理方面的较为系统的、综合性的行政法规。其以法规的形式对中国人民银行的地位、性质和职能进行了明确规定:中国人民银行是国务院领导和管理全国金融事业的国家机关,是国家的中央银行。1995 年 3 月 18 日《中华人民共和国中国人民银行法》(以下简称《中国人民银行法》)颁布并实施,第一次以法律的形式明确规定了中国人民银行的法律地位及其主要职能。2005 年对《中国人民银行法》进行了一次修正,进一步对于中国人民银行的职能进行了具体化。

一、中央银行的法律性质

中国人民银行是我国的中央银行,即货币发行的银行、银行的银行和政府的银行,拥有资本和资产,可以依法经营业务,在国务院领导下,制定和实施货币政策,防范和化解金融风险,维护金融稳定。

(一)中央银行的性质

中央银行作为国家金融体系中的核心,主要负责制定和执行国家的货币信用政策,维护金融稳定。各国的中央银行,虽然在组织结构和工作方式上有一定的区别和差异,但基本特征大体相同,即:

(1)在得到国家授权下,对国家金融业履行相关的宏观调控职能,负责货币政策的制定及执行;

(2)在得到国家授权下,代表本国政府从事一些具有特定性的金融业务;

(3)对国家的金融稳定负责并采取相关稳定措施。

中央银行与其他银行的区别表现在:它是发行的银行,银行的银行,国家的银行。

(二)中央银行的货币政策

保持货币币值的稳定是货币政策实行过程中最终要达到的一个目标。并以此促进相关经济的增长。所谓的货币政策目标，是指国家所制定和执行的货币政策所要达到的目的。货币政策制定和实施的一个出发点就是货币政策目标，同时，中央银行职能的集中体现也是货币政策目标，对于各国政府和中央银行来说，关于货币政策目标的确定，都是它们高度重视的。关于中央银行的货币政策目标，各国银行法的表述也是各有不同，一般说来有单一目标论、双重目标论和多重目标论。

1. 单一目标论

所谓的单一目标论，就是认为货币政策目标是单一的，就是使货币的币值在相关方面得到稳定。

2.双重目标论

双重目标论，则被认为是在使货币币值得到稳定的同时，还应该着重地使经济也应有适当地发展，两者兼顾。

3.多重目标论

至于多重目标论，则与上述两点就有所不同了。它认为货币政策目标不是单一的，应当是一个由多项目标有机构成的目标体系，主要由稳定币值、充分就业、促进经济增长和平衡国际收支这四个方面组成。

由于各国之间的经济发展水平和历史条件有一定程度上的不同，因而在对货币政策目标的选择重点上也会有一定的区别。近年来，随着各国经济市场化和货币化程度的不断提高，越来越多的国家把货币政策目标的侧重点放在了稳定货币币值上。

(三)中国人民银行的独立性

正确地制定和执行我国的货币政策，适当地维护金融稳定是中国人民银行的一项主要职能。想要让这个目标得以实现，确保中国人民银行的独立地位是必须要做到的。为了促进中国人民银行更好地把货币政策执行下去，中国人民银行在国务院领导下依法独立执行货币政策，履行职责，开展相关的业务，不受地方政府、各政府部门、社会团体和个人的干涉。

从一定程度上说，中国人民银行的独立性不能仅仅体现在独立制定和执行货币政策方面，那样的话，是比较片面的，还应该体现在独立于地方政府、政府各级部门、其他非银行金融机构以及其他单位和个人方面。当然，这个体现不是说说而已，是需要落实到具体行动之中的。

（四）中国人民银行的职权

中国人民银行的主要职责其实就是主要任务，在国务院的正确领导下制定和实施合理的货币政策，做好防范金融风险的应对措施，使得金融风险得到有效的化解，进一步对金融稳定进行维护。

二、中国人民银行的组织机构

中国人民银行的组织机构与其他国家的中央银行的组织机构有着很大的差异，实行的是行长负责制。

（一）行长负责制

中国人民银行的组织制度是实行行长负责制，其中设行长一人，副行长若干人。凡是进入中国人民银行行长的有关人选，都需要得到国务院总理的提名，然后由全国人民代表大会进行决定；全国人民代表大会闭会期间，由全国人民代表大会常务委员会进行决定，由中华人民共和国主席实行任免。中国人民银行副行长则由国务院的总理负责任免。

所谓的行长负责制，是指在银行中，中国人民银行行长处于中心地位,起中心的作用,对银行进行全面负责。行长负责制虽然是一种个人责任制,但他的责任不能与一般工人、职员和干部的个人岗位责任制相提并论,他的责任是一种首长负责制。银行行长与银行副行长的关系,是领导与被领导的关系。

(二)货币政策委员会

货币政策委员会,实际上是一个咨询议事机构,专门从事中国人民银行针对货币政策进行的制定工作。在针对国家进行宏观调控、货币政策制定和调整的过程中,中国人民银行货币政策委员会发挥着不可或缺的作用。

(三)中央银行的分支机构

我国实行单一的中央银行制度,全国范围内只在首都北京设立了一个中央银行——中国人民银行。中国人民银行作为中央银行的总行来说,根据需要履行的相关职责进一步展开设立分支机构。

根据上述相关内容的表述,我们可以清楚地知道,那些分支机构都是由中国人民银行总部设立的机构。针对分支机构,中国人民银行不能任其随意发展,也需要进行集中统一领导和管理。

三、中国人民银行的主要业务

(一)执行货币政策

中国人民银行之所以实行相应的货币政策,是为了使得经济增长和稳定货币的经济目标得以更好地实现。所谓的货币政策,实际上就是通过对各种控制和调节货币供应量的方针和措施进行实施所采用的一个总称。中国人民银行在执行货币政策的过程中,是可以用到一些相关的货币政策工具的,具体内容如下。

(1)针对银行业金融机构进行要求,按照规定的比例交存存款准备金；

（2）确定中央银行基准利率；

（3）针对在中国人民银行开立账户的银行业金融机构办理再贴现业务；

（4）向商业银行提供贷款；

（5）在公开市场上买卖国债、其他政府债券和金融债券及外汇；

（6）国务院确定的其他货币政策工具。

中国人民银行为更好地执行货币政策，运用上述所列货币政策工具时，可以规定具体的条件和程序。

（二）发行、管理人民币流通

人民币是中华人民共和国所使用的法定货币。人民币支付中华人民共和国境内一切公共的和私人的债务，任何单位和个人不得拒收。中国人民银行负责人民币的印制、发行，设立人民币发行库，在其分支机构设立分支库，分支库按照上级库的命令对人民币发行基金进行相关的调拨。

为了保证人民币的法定地位，保障人民币的正常流通，《中国人民银行法》规定：禁止伪造、变造人民币；禁止出售、购买伪造、变造的人民币；禁止运输、持有、使用伪造、变造的人民币；禁止故意毁损人民币；禁止在宣传品、出版物或者其他商品上非法使用人民币图样；任何单位和个人不得印制、发售代币票券，以代替人民币在市场上流通；残缺、污损的人民币，按照中国人民银行的规定兑换，并由中国人民银行负责收回、销毁。

（三）为政府部门、金融机构提供金融服务

中国人民银行为政府部门提供的服务包括：依照法律、行政法规的规定经理国库；代理国务院财政部门向各金融机构组织发行、兑付国债和其他政府债券。

四、中国人民银行的金融监督管理

对于国务院来说,对其相关的金融职能进行管理的部门是中国人民银行,国家最高的金融监管机关是中国人民银行。中国人民银行需要有所行动,检测金融市场整体的详细运行情况,对金融市场实施宏观调控。合理地调配能够对金融市场的协调发展起到一个很好的促进作用。

对于金融机构以及其他单位和个人的下列具体行为,中国人民银行有权对其进行检查监督:

(1)对有关存款准备金管理规定执行的行为;

(2)与中国人民银行特种贷款有关的行为;

(3)对有关人民币管理规定执行的行为;

(4)对有关银行间同业拆借市场、银行间债券市场管理规定执行的行为;

(5)对有关外汇管理规定执行的行为;

(6)对有关黄金管理规定执行的行为;

(7)对中国人民银行经理国库进行代理的行为;

(8)对有关清算管理规定执行的行为;

(9)对有关反洗钱规定执行的行为。

第二节　商业银行法律制度及案例分析

在现代银行体系中,商业银行一直扮演着极其重要的角色。随着社会主义市场经济体制的建立与培育,现代银行制度的一项重要任务,就是使专业银行商业化。

一、商业银行的法律定义与法律特征

(一)商业银行的法律定义

从一般意义上讲,商业银行是指以经营工商业的存贷款为主要业务,并以利润为其主要经营目标的信用机构。

(二)商业银行的法律特征

《商业银行法》对我国商业银行的性质进行了明确的规定,与一般企业相比,我国的商业银行具有以下四个特征。

1. 商业银行是具备《商业银行法》规定的条件的企业法人

任何一个企业法人在进行设立相关的机构之前,都必须具备相符合的条件,只有条件符合了才能设立。对于商业银行来说,作为一个专门针对货币进行经营的企业,其行为对社会的影响较为重大,故对其的要求就会更为严格。

2. 商业银行是经营吸收公众存款、发放贷款、办理结算业务的企业法人

对于一般企业而言,从事普通商品的生产和流通是它们主要的营业状态,围绕生产和流通领域则是它们的活动范围。但是,对于商业银行来说,其性质就有所区别了。商业银行经营的商品比较特殊,主要是货币,因此货币信用领域是其主要的活动范围。

我国的金融机构也并非是单一的形式,除了有商业银行以外,非银行金融机构也包括在金融机构之内。对于这些非银行金融机构而言,它们虽然从事一些与融资相关的业务,但与商业银行相比,还是有一定的差别的,它们的资金实力、经营规模等方面相对窄小,业务范围更是如此。

3.商业银行是按照公司制度建立的企业法人

商业银行在有着一般企业法人特征的同时,又与一般的企业法人有所不同。针对一般的企业法人来说,要求相对较为宽松,可以不是公司;但是对于商业银行而言,要求较为严格,在组织形式和组织机构方面,都必须要适用《公司法》的规定。总而言之,商业银行的所有活动都要符合《公司法》的规定。

4.商业银行是按照《商业银行法》规定的审批程序设立的

一般企业法人具备法人的相关条件,在经过工商行政管理部门登记之后,取得法人营业执照。而设立商业银行,不仅仅是有了这些条件就可以进行了,它的要求相对严格,需要经国务院银行业监督管理机构进行审查批准之后,才能进行相关活动。

任何单位和个人在没有得到来自国务院银行业监督管理机构批准之前,都没有权力从事有关于吸收公众存款等商业银行的业务,同时任何单位不得在名称中使用有关"银行"的字样。只有经过合法的批准,才能设立商业银行,由国务院银行业监督管理机构颁发经营许可证,并凭该许可证向工商行政管理部门办理登记,领取营业执照。

二、商业银行的组织机构

(一)商业银行的组织形态

商业银行的组织形态主要分为两种:有限责任公司和股份有限公司。国有独资公司属于有限责任公司的一种特殊形态。在法律适用上,商业银行适用《公司法》的规定,包括建立股东(大)会、董事会、监事会等。中国银监会于 2013 年 7 月 19 日发布《商业银行公司治理指引》(银监发〔2013〕34 号),以更好地针对商业银行公司的治理结构进行规范。

国有独资商业银行,实际上就是经过国家授权并给予投资的机构。通俗来讲,就是经过国家合理授权的部门,采取单独投资行为进行设立的银行。

国有独资商业银行设立监事会。监事会的产生办法由国务院规定。国务院于 1997 年 11 月 12 日发布了《国有独资商业银行监事会暂行规定》。该部规定实施三年后,被国务院于 2000 年 3 月 15 日发布的《国有重点金融机构监事会暂行条例》所废止。

监事会进行监督的主要内容包括:国有独资商业银行的信贷资产质量、资产负债比例、匡有资产保值增值等情况以及高级管理人员违反法律、行政法规或者章程的行为和损害银行利益的行为。

(二)商业银行的分支机构管理

1.设立分支机构的程序

商业银行在设立其分支机构时,可以根据业务的具体需要,在我国境内外设立分支机构。在设立分支机构之前,必须得到来自国务院银行业监督管理机构的相关审查批准,在经过银行业监督管理机构颁发金融许可证后,到工商管理部门进行登记注册。

商业银行设立的分支机构不需要按照行政区划进行有关的设立。商业银行设立分支机构,应当按照规定拨付与其经营规模相适应的营运金额。拨付各分支机构营运资金的总和,不得超过总行资本金总额的 60%。

2.设立分支机构的条件

按照《商业银行法》第二十条的规定,设立商业银行分支机构,申请人应当向国务院银行业监督管理机构提交下列相关的文件以及资料。

(1)申请书,内容包括拟设立的分支机构名称、营运资金额、业务范围以及总行及分支机构所在地等记录;

(2)申请人在最近两年中的财务会计报告;

（3）提供拟任职的高级管理人员的资格证明；

（4）针对经营方针要有大致的描述，计划也要尽可能详细；

（5）提供营业场所、安全防范措施和与业务有关的其他设施的资料；

（6）有关于国务院银行业监督管理机构规定的其他文件、资料。

3.分支机构的管理

按照《商业银行法》第二十二条的规定，商业银行对其分支机构实行全行统一核算、统一调度资金、分级管理的财务制度。

（1）统一核算。组成银行会计的重要部分就是银行会计核算，它是指以货币为主要计量单位，运用专门的方法，对银行相关的货币业务、信用业务和财务活动进行全面、系统的登记、计算和反映。在我国，商业银行实行的财务制度是统一核算。

（2）统一调度资金。商业银行通过对资金实行统一调度，能够更好地加强对全行资金的集中管理，使得资金流向受到正确引导和合理调节，最终使全行资金的安全性、流动性和效益性得以实现，以确保商业银行的稳健运行。

（3）分级管理。我国进行集中统一和分级管理相结合的管理体制，对商业银行实行相关管理。具体内容如下。

①商业银行的总行需要对其分支机构实行统一核算、统一调度资金。

②根据各商业银行的相关规定，对于不同级别的商业银行内部，划分相关的业务范围。

三、商业银行的基本业务

商业银行的业务包括资产业务、负债业务以及中间业务三方面。商业银行的资产业务，主要建立在负债业务的基础之上。负债业务主要是针对存款而言，相对应的资产业务主要是针对贷款而言。对于建立在存款基础上的贷款,必须保证存款能够及时提取,这就要求贷款能做到及时收回,避免贷款风险,使得本金的安全有所保证。

除了存贷款这一基本业务之外,商业银行还提供中间业务、表外业务。

四、商业银行的组织变动

商业银行在市场交易经营的过程中,根据市场情势会出现组织形态上的变更,主要有分立和合并两种方式。

(一)商业银行的分立

关于商业银行的分立,可以理解为具体是指商业银行在将银行分为两个或者两个以上银行的过程中,需要依照法定的程序来进行的一种法律行为。在进行分立的具体程序中,要以公司法的相关规定作为根据。

在商业银行进行分立的过程中,银行的股东会应该针对相关程序进行决议。银行分立涉及财产的分割。因此,分立的过程中,应当对资产负债表及财产清单做好编制。

(二)商业银行的合并

所谓的商业银行合并,实际上就是指两个或者两个以上的商业银行,依照法律的相关规定,对合并相关的协议进行订立,最终组成一个银行的法律行为。根据《公司法》的相关规定,商业银行可以采取吸收合并和新设合并这两种方式进行。

1. 吸收合并

所谓的吸收合并,就是一个银行对其他银行进行吸收,被吸收的银行最终解散。

2. 新设合并

所谓的新设合并，就是两个以上的银行合并，设立一个新的银行，合并各方解散。

银行在合并的过程中，相关的股东会应该进行认真决议，之后由合并各方分别签订有关合并的协议，并针对资产负债表及财产清单进行相应的编制。

(三)商业银行分立合并的程序

商业银行发生分立合并时，应当先经过金融监管部门的审批，再到工商管理部门进行变更登记或者注销登记。根据《公司法》的规定，商业银行无论是进行合并还是分立，只要登记事项发生了一定的变更，应当依法向有关登记机关办理变更登记；商业银行如需解散，应当依法办理有关商业银行注销登记；需要设立新银行的，应当依法办理银行设立登记。

总之，不论是商业银行的分立还是合并，经过国务院银行业监督管理机构审查批准是不能缺少的一个环节。

案例

商业银行声誉损失

案例简介：

2011年2月14日，家住上海浦东的陈小姐通过网银登录账户，原本存有4万多元的招商银行账户里，余额竟只剩下85元。陈小姐说，她这张卡已经用了十几年了，从来没有离过身，密码只有她一人知道。那卡上的钱怎么会一夜之间不翼而飞呢？事后经公安局经侦支队查明，在抓获犯罪嫌疑人朱凯华时，他的一个小小的U盘让警方大为震惊，里面竟储存着50多万条上海市机动车主信息，3000多条个人详细的银行卡信息和征信报告，包括姓名、银行卡号、身份证号、车辆情况、家庭住址，甚至家庭成员状况等等。曹晓军，网名"四一人生"，真实身份中国工商银行武汉××支行客户经理。仅他一人，通过中介向朱凯华出售个人征信报告多达 2318 份。向朱凯华出售个人征信报告、银行卡信息的，还有中国农业银行无锡××支行员工董某、中国工商银行福州××支行员工陈某。

案例分析：

我国《刑法》《合同法》《商业银行法》《反洗钱法》《储蓄管理条例》《中国银监会关于进一步规范信用卡业务的通知》（银监发〔2009〕60 号）《银行业银行外包风险管理指引》（银监发〔2010〕44 号）等法律、法规、规章对银行在客户身份资料、交易信息等方面的保密义务作出了规定。如《商业银行法》第二十九条规定："商业银行办理个人储蓄存款业务，应当遵循存款自愿、取款自由、存款有息，为存款人保密的原则"，该法第八十四条还规定"商业银行工作人员泄露在任职期间知悉的国家秘密、商业秘密的，应当给予纪律处分；构成犯罪的，依法追究刑事责任"。中国银监会关于印发银行业金融机构从业人员职业操守指引的通知（银监发〔2011〕6 号）第四条规定"从业人员应当学法、懂法、守法，保守国家秘密和商业秘密，尊重和保护知识产权，自觉维护国家利益和金融安全"。《刑法修正案（七）》中亦有类似规定。上述这些法律、法规和监管规定中对银行及其工作人员的保密责任均作出相应规定，这些均是银行承担客户信息保密义务的法律依据。

上述银行员工因其行为承担了相应的法律责任。但作为金融机构，国家级新闻媒体对工商银行这种指名道姓的口诛笔伐，对工商银行的声誉产生的损失难以用金钱来衡量，而且，做为一个国际化商业银行，工商银行也要应付和处理空前强大的公关危机。一是如果银行因违反监管规则受到处罚并被公开批评，将导致其金融业务经营管理的合法性及安全性受到全民广泛质疑；二是由于银行客户量多层次复杂，加之近年外部欺诈案件频发、受害者众多，由此引发的客户投诉和银行被诉案件与日俱增，不仅吸引公众眼球，如此"噱头"也会引发媒体负面和集中炒作；三是个别极端案例败诉后容易通过网络等媒迅速扩散引发"连锁反应",进而引发大量类似客户投诉或集体诉讼事件,造成非常被动的局面。客户信息保护归根到底还是要银行加强自身的内部管理。

第三节　票据法律制度及案例分析

票据是商品经济发展过程中形成的产物。对于市场经济发达的国家来说,一切重要的交易活动,特别是国际贸易,基本上都是使用各种票据进行相关支付的。

一、票据的法律制度概述

(一)票据和票据法

1.票据的概念

票据的种类比较广泛,有广义和狭义之分。

广义的票据,主要有汇票、本票、支票、仓单、股票以及债券等一切有价证券。狭义的票据,主要针对的是票据法上的票据,即由出票人签发的、约定由自己或委托付款人在见票时或指定的日期向收款人或持票人无条件支付一定金额的有价证券。

在我国,票据法上的票据主要指汇票、本票和支票。票据具有支付、信用、结算、融资等基本功能。

2.票据法的概念

票据法是对票据的相关种类、形式和内容进行明确规定,使得票据当事人之间的权利义务得到明确,针对因票据而发生的各种社会关系进行适当的调整的法律规范的总和。

（二）票据行为

所谓的票据行为，是指票据关系的当事人之间以发生、变更或终止票据关系为目的而进行的一种法律行为。就我国《票据法》中所指票据行为而言，汇票主要有出票、背书、承兑和保证，本票主要有出票、背书和保证，支票主要有出票和背书。

1. 票据行为的要件

票据行为作为一种要式法律行为，不但要符合民事法律行为有效成立的要件，同时还须具备票据法所规定的特别要件，由实质要件和形式要件组成。

2. 票据行为的代理

票据行为是一种民事行为，在民法上一些有关民事法律行为代理的规定，也适用于票据行为。

票据当事人可以对其代理人进行委托使其在票据上进行签章，并在票据上把代理关系标明。票据代理行为对被代理人会产生一定的法律效力，被代理人承担相关的后果。没有相应代理权的人以代理人名义在票据上签章，票据的相关责任由签章人来承担；代理人如果超越了代理权限，应当根据超越权限的部分对票据责任进行承担。

（三）票据权利

所谓的票据权利，是指持票人向票据债务人请求支付票据金额的权利，包括付款请求权和追索权。

1. 票据权利的取得

票据权利的取得方式，可以分为原始取得和继受取得两种。

（1）原始取得。票据权利的原始取得是指持票人依据出票人签发票据的相关出票行为，或者是从无处分票据权利的人处取得票据。

（2）继受取得。票据权利的继受取得是指受让人从有处分权的前手权利人处取得票据，从而取得票据权利。

我国《票据法》规定，票据的取得，必须给付对价。因税收、继承、赠与可以依法无偿取得票据的，不受给付对价的限制。但是，所享有的票据权利不得优于其前手的权利。

2.票据权利的行使与保全

票据权利的行使，是指票据债权人向票据债务人提示票据，请求实现其票据权利的行为，如提示付款及行使追索权。

《票据法》规定，持票人行使票据权利，应当依照法定的相关程序在票据上签章，并出示票据。票据权利的保全是指票据债权人为防止其票据权利的丧失所做的行为。

3.票据权利的消灭

票据权利的消灭，是指由于相关的法律事实出现，从而使票据上的付款请求权和追索权法律效力丧失，包括因付款、时效和其他原因消灭。

4.票据权利的瑕疵

票据权利的瑕疵，有以下两种情况。

（1）票据的伪造与变造。票据的伪造是指通过对他人的名义进行假借引发签发票据的行为，包括票据的伪造和票据上签章的伪造。票据的变造是指无权更改票据内容的人，对票据上签章以外的记载事项加以变更的行为。

据《票据法》相关规定，有关票据上的记载事项应当真实，不得进行随意伪造和变造。如果出现对票据上的签章和其他记载事项进行伪造、变造的现象，应当承担相应的法律责任。

（2）票据的更改。只有具有更改权限的人才能对票据进行更改，可以对票据上记载事项的行为进行更改。票据的更改具体内容应当由原记载人进行改写,原记载人在票据交出之前,可以自行更改票据的有关记载事项,并在更改处签章证明。

(四)票据抗辩

所谓票据抗辩是指票据债务人根据《票据法》的相关规定,对票据债权人拒绝履行义务的行为。票据抗辩有以下两种情况。

1. 物的抗辩

关于物的抗辩,主要是基于票据本身无效、票据债权已经消灭、票据时效届满、票据欠缺票面金额等绝对必要记载事项等抗辩原因,对票据债权人所提出的抗辩。

2. 人的抗辩

有关人的抗辩,是票据债务人基于票据债权人之间的法定原因或原因关系而发生的,对抗特定票据债权人的抗辩。

(五)票据丧失补救

关于票据补救,是指拥有票据的权利人因受到某种原因影响而丧失了对票据的实际占有,使票据权利的行使遇有障碍时,为了进一步使权利人的票据权利能够得以实现,而对其提供的特别的法律救济。

遇到票据丧失的情况,失票人应该对票据的相关付款人进行及时的通知,使其立即办理柜关的挂失止付,但关于未记载付款人或无法确定付款人及其代理人的票据除外。

(六)涉外票据的法律适用

涉外票据,是指在关于出票、背书、承兑、保证以及付款等一系列行为中,既有发生在我国境内又有发生在境外的票据。

1. 涉外票据法律适用的原则

中华人民共和国缔结或者参加的国际条约同《票据法》有不

同规定的,适用国际条约的规定。但是,中华人民共和国声明保留的条款除外。《票据法》和中华人民共和国缔结或者参加的国际条约没有规定的,可以适用国际惯例。

2.涉外票据法律适用的具体规定

(1)票据债务人的民事行为能力,适用其本国法律。票据债务人的民事行为能力,依照其本国法律为无民事行为能力或者为限制民事行为能力而依照行为地法律为完全民事行为能力的,适用行为地法律。

(2)出票地法律。汇票、本票出票时的记载事项、票据追索权的行使期限,适用出票地法律。支票出票时的记载事项,适用出票地法律,经当事人协议,也可以适用付款地法律。

(3)行为地法律。有关票据的背书、承兑、付款和保证行为,适用行为地法律。

(4)付款地法律。票据的提示期限、有关拒绝证明的方式、出具拒绝证明的期限、票据丧失时失票人请求保全票据权利的程序,适用付款地法律。

二、汇票

(一)汇票概述

1.汇票的概念

汇票是由出票人签发,委托付款人在见票时或者在指定日期无条件支付确定的金额给收款人或者持票人的票据。

2.汇票的种类

(1)按照不同的信用,汇票可分为商业汇票和银行汇票;

(2)按照收款人记载方式不同,汇票可分为记名式汇票、不记名式汇票和指示性汇票；

（3）按照商业汇票承兑人不同，汇票可分为商业承兑汇票和银行承兑汇票；

（4）按照付款期限不同，汇票可分为即期汇票和远期汇票；

（5）按照汇票是否附有各种交易凭证，可分为跟单汇票和光票。

（二）出票

1. 绝对应记载事项

出票是出票人签发票据之后，并将其交付给收款人的一种票据行为。我国《票据法》规定，汇票必须记载下列事项。

（1）表明"汇票"的字样；

（2）无条件支付的委托；

（3）确定的金额；

（4）付款人名称；

（5）收款人名称；

（6）出票日期；

（7）出票人签章。

凡是汇票上未记载上述规定事项之一的，则视为汇票无效；票据金额以中文大写和数码同时记载，二者必须一致，如有异处，票据无效。

2. 相对应记载事项

相对应记载事项未在汇票上进行相关记载，对汇票本身的效力没有很大的影响。《票据法》规定，相对应记载事项包括以下事项。

（1）付款日期。付款日期即汇票到期日，可在汇票上记载见票即付、定日付款、出票后定期付款、见票后定期付款。汇票上未记载付款日期的，为见票即付。

（2）付款地。汇票上记载付款地的，通常是指付款人的营业场所、住所或者经常居住地。

（3）出票地。未记载出票地的，可以是出票人的营业场所、住所或者经常居住地。

（三）背书

1.背书的概念

背书，是指在票据背面或者粘单上记载有关事项表明将票据权利转让给他人，并在签章后交付给相对人，从而达到将票据权利转让给他人目的的票据行为。

我国《票据法》规定，汇票转让只能采取背书方式。如果出票人在汇票上记载了有关"不得转让"字样的，汇票就不得转让。如果收款人或持票人将出票人作禁止背书的汇票转让的，该转让行为不会发生效力，出票人和承兑人对受让人不承担票据责任。

2.背书的形式

背书是一种要式行为，必须符合法定的形式进行，即其必须做成背书并支付，才能有效成立。

3.背书的种类——委托收款背书与质押背书

对于委托收款背书与质押背书来说，这两者归根结底都属于非转让背书。而对于所谓的委托收款背书的理解，具体是指背书记载"委托收款"字样的，被背书人有权行使被委托的汇票权利代背书人。但是，对于被背书人来说，不得再以背书转让及进行汇票权利。关于对质押背书的理解，就是持票人以票据权利设定质权为目的而在票据上做成的背书。

4.法定禁止背书

进行背书的时候不得附有条件，如果附有条件的话，这些条件在汇票上没有相关的效力。

(四)承兑

承兑,具体是指汇票付款人承诺在汇票到期日支付汇票金额的票据行为。承兑是汇票特有的明确付款人的付款责任,确定持票人票据权利的制度。

(五)保证

1.保证的概念及记载事项

保证,是指汇票债务人以外的第三人,担保特定的票据债务人能够履行票据债务的票据行为。

《票据法》规定,保证人必须在汇票或者粘单上记载下列有关事项。

(1)表明"保证"的字样;
(2)保证人名称和住所;
(3)被保证人的名称;
(4)保证日期;
(5)保证人签章。

2.保证的法律效力

在进行相关的保证时,是不能有附有条件,如果有了附有条件的,对汇票的保证责任不会造成影响。保证人对合法取得汇票的持票人所享有的汇票权利,承担相关的保证责任。

但是,需要明确一点的是,被保证人的债务因汇票记载事项欠缺而无效的除外。

(六)付款

付款是指付款人或承兑人在票据快要到期时,对持票人的票据金额所进行的相关的支付,包括提示付款与支付。

(七)追索权

1.追索权的概念

追索权,顾名思义是指汇票的持票人在法定期限内提示承兑或提示付款而遭拒绝,或者有其他法定事由时,向其前手请求偿还票据金额、利息及其他法定款项的一种票据权利。

2.追索权的要件

追索权的要件指行使追索权的前提条件,包括实质要件,即行使追索权的原因;还有形式要件,即行使追索权的手续。

3.追索流程图

追索流程图,见图 4-1。

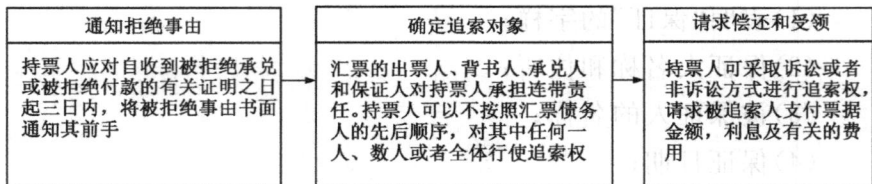

通知拒绝事由	确定追索对象	请求偿还和受领
持票人应对自收到被拒绝承兑或被拒绝付款的有关证明之日起三日内,将被拒绝事由书面通知其前手	汇票的出票人、背书人、承兑人和保证人对持票人承担连带责任。持票人可以不按照汇票债务人的先后顺序,对其中任何一人、数人或者全体行使追索权	持票人可采取诉讼或者非诉讼方式进行追索权,请求被追索人支付票据金额,利息及有关的费用

图 4-1　追索流程图

三、本票

(一)本票的概述

1.本票的概念

所谓本票,是通过出票人进行相关的签发,对于自己见到本票时将会无条件进行支付确定的金额给收款人或者持票人承诺好的票据。本票是属于出票人对自己付款约定的一种自付证券,不需要进行承兑。

2.本票的种类

理论上,本票依不同的标准可分为记名本票、指示本票和无记名本票,即期本票和远期本票,商业本票和银行本票。

我国《票据法》上的本票仅指银行本票,而且为即期本票。

(二)出票

与汇票相同,本票出票也包括作成票据和交付票据,但出票人必须是银行,而且本票出票人的资格需要由中国人民银行进行相关的审定。本票的出票人必须具有支付本票金额的可靠资金来源,并保证支付。

(三)对汇票有关规定的引用

《票据法》规定,本票的出票、背书、保证、付款行为和追索权的行使,除本节所述规定外,适用汇票的有关规定。

四、支票

(一)支票概述

1.支票的概念

支票,实际上是出票人进行相关的签发,然后通过对办理支票存款业务的银行或者其他金融机构进行委托,表明在见到支票时可以无条件地支付确定的金额给收款人或者持票人的票据。

2.支票的种类

依不同的分类标准,可以对支票进行不同的分类,如记名支票、无记名支票、指示支票、对已支票、受付支票、普通支票、特殊支票等。我国的《票据法》按照支付票款方式,将支票分为三种,分别是普通支票、现金支票和转账支票。

普通支票,未印有"现金"或"转账"字样,其既可以用来支取现金,也可以用来进行相关的转账。现金支票是专门用于支取现金的支票。转账支票是专门转账并能支取现金的支票。

(二)出票

支票必须记载下列相关事项。

(1)表明"支票"的字样;

(2)无条件支付的委托;

(3)确定的金额;

(4)付款人名称;

(5)出票日期;

(6)出票人签章。

凡是支票上未记载上述规定事项之一的,则视为支票无效。

(三)对汇票有关规定的引用

支票的背书、付款行为和追索权的行使,以及支票的出票行为,除本节规定外,适用关于汇票的规定。

案例:

甲公司向某工商银行申请一张银行承兑汇票,该银行作了必要的审查后受理了这份申请,并依法在票据上签章。甲公司得到这张票据后没有在票据上签章便将该票据直接交付给乙公司作为购货款。乙公司又将此票据背书转让给丙公司以偿债。到了票据上记载的付款日期,丙公司持票向承兑银行请求付款时,该银行以票据无效为理由拒绝付款。

通过本节学习思考:《票据法》对票据的构成要件的规定及出票、承兑等票据行为的相关要求。

第四节　证券法律制度及案例分析

建立和发展健康有序、运行安全的证券市场,对我国进行优化资源配置,调整经济结构,筹集更多的社会资金,加快国民经济的发展具有重要作用。

一、证券法概述

(一)证券的概念和种类

1.证券的概念

所谓的证券即资本证券,是指相关的资金需求者通过采取直接融资的方式从资金供应者处直接获得货币,继而向资金供应者签发相应的证明,证明其享有一定权利的书面凭证。

2.证券的种类

关于证券的种类,详情见表4-1。

表4-1　证券的种类

股票	按照投资主体,可以分为国家股、法人股、内部职工股和社会公众股
	按照股东权益和风险大小,可以分为普通股、优先股及普通优先混合股
	按照认购股票投资者身份和上市地点不同,可以分为境内上市内资股(A股)、境内上市外资股(B股)和境外上市外资股(H股、N股、S股)
债券	按照发行主体不同,可以分为政府债券和公司债券
	按照时间长短,可以分为短期债券、中期债券和长期债券
	按信用分为抵押债券、担保债券和信用债券
证券投资基金	按照设利方式,可以分为契约型基金和公司型基金;按能否赎回分为开放式基金和封闭式基金
其他证券	股票指数、股票权证、股指期货

(二)证券法的概念

所谓证券法,是对证券发行与交易活动中以及证券监管过程中所发生的社会关系进行适当地调整的法律规范的总称。

(三)证券机构

1.证券交易所

证券交易所,顾名思义是为了集中进行证券交易而提供的相关场所和设施,合理地对证券交易进行组织和监督,实行自律管理的法人。在我国,目前共有两家证券交易所,分别是 1990 年 12 月设立的上海证券交易所和 1991 年 7 月设立的深圳证券交易所。

关于证券交易所的相关设立和解散,需要交由国务院进行决定。组织和监督证券交易是证券交易所行使的主要职能。

2.证券公司

证券公司,是指依照《公司法》和《证券法》规定并经国务院证券监督管理机构审查批准的、专门从事经营证券业务的有限责任公司或者股份有限公司。

设立证券公司,应当具备下列条件。

(1)有符合法律、行政法规规定的公司章程;

(2)主要股东具有持续盈利能力,有着良好的信誉,最近 3 年无重大违法违规记录,净资产不低于人民币 2 亿元;

(3)有符合本法规定的注册资本;

(4)董事、监事、高级管理人员具备任职资格,从业人员具有证券从业资格;

(5)有完善的风险管理与内部控制制度;

(6)有合格的经营场所和业务设施;

(7)法律、行政法规规定的和经国务院批准的国务院证券监督管理机构规定的其他条件。

3.证券登记结算机构

证券登记结算机构,是为证券交易提供集中登记、存管与结算服务,不以营利为目的的法人。设立证券登记结算机构,必须得到来自国务院证券监督管理机构的批准。

4.证券服务机构

证券服务机构,是指为证券的发行、交易和相关投资活动提供专业服务的一种中介机构。

5.证券业协会

证券业协会,是依法设立的对证券行业进行自律性管理的具有法人资格的社会团体组织。

根据《证券法》的相关规定,证券公司应加入证券业协会。

6.证券监督管理机构

国务院证券监督管理机构,即中国证券监督管理委员会,简称证监会。国务院证券监督管理机构依法对证券市场实行监督管理,维护证券市场秩序,保障其合法运行。

二、证券发行

(一)证券发行的概念和种类

1.证券发行的概念

证券发行,是指发行人通过以筹集资金作为直接目的,依照一定的法定程序和条件向投资人进行证券销售的一系列行为的总称。

2. 证券发行的种类

(1)按照发行对象的不同,可以分为公开发行和非公开发行。

公开发行,又称为公募发行,是发行人以公开的方式向不特定的对象和特定的多数对象出售证券的行为。

非公开发行又称为私募发行,是发行人仅面向特定的少数投资者发行证券的行为。

(2)按照发行目的的不同,证券分为设立发行和增资发行。

设立发行,是指公司在设立过程中,为筹集股本而首次发行股份的发行方式,分为发起设立和募集设立。

增资发行,是指已成立的股份公司为追加资本而发行股份的发行方式。

(3)按照发行价格的不同,证券分为平价发行、溢价发行和折价发行。

平价发行是发行价格与票据金额相同的证券发行;溢价发行是发行价格要相对高于票面金额的证券发行;折价发行是发行价格要相对低于票面金额的证券发行。

我国《票据法》允许平价和溢价发行,禁止折价发行。

(4)按照发行方式的不同,证券分为直接发行和间接发行。

直接发行,是由发行人自己承担风险、自行办理发行事宜。间接发行,是发行人委托证券承销机构发行,自己不直接与投资者发生关系。

(二)股票发行的条件

股票发行,是指股份有限公司在设立过程中或成立后,以筹集资金为主要目的,依照法定的条件和程序,向投资人销售代表股东权利的股票的行为。

我国《证券法》规定,公开发行证券之前,必须符合法律、行政法规规定的相关条件,并依法报经国务院证券监督管理机构或者国务院授权的部门核准;未经依法核准,任何单位和个人不得公开发行证券。

1. 设立发行

设立股份有限公司公开发行股票,可以采取发起设立发行和募集设立发行两种方式。由于发起设立方式不涉及社会公众,公司法规定的发起设立的条件和程序同时是其股票发行的条件和程序;而募集设立涉及公开发行,还应符合法律、行政法规规定的其他条件和程序。

2. 新股发行

公司公开发行新股,应当符合下列条件。

(1)组织机构应健全且运行良好;

(2)具有持续盈利的能力,有良好的财务状况;

(3)最近 3 年财务会计文件无虚假记载,无其他重大违法行为;

(4)经国务院批准的国务院证券监督管理机构规定的其他条件。

公司公开发行新股,除符合上述条件外,还应当向国务院证券监督管理机构报送募股申请和相关的文件。

(三)债券发行的条件

债券发行是符合法定发行条件的政府、金融机构或企业以筹集资金为目的,依照法定的条件和程序,向投资人销售代表债权的债券的行为。

1. 公开发行债券的条件

公开发行公司债券,应当符合下列条件。

(1)股份有限公司的净资产不低于人民币 3000 万元,有限责任公司的净资产不低于人民币 6000 万元;

(2)累计债券余额不超过公司净资产的 40%;

（3）最近 3 年平均可分配利润足以支付公司债券 1 年的利息；

（4）筹集的资金投向符合国家产业政策；

（5）债券的利率不超过国务院限定的利率水平；

（6）国务院规定的其他条件。

申请公开发行公司债券,除符合上述条件外,还应当向国务院授权的部门或者国务院证券监督管理机构报送相关的文件。

2.不得再次公开发行债券的条件

我国《证券法》规定,有下列情形之一的,不得再次公开发行公司债券。

（1）前一次公开发行的公司债券尚未募足；

（2）对已公开发行的公司债券或者其他债务有违约或者延迟支付本息的事实,仍处于继续状态；

（3）违反本法规定,改变公开发行公司债券所募资金的用途。

（四）证券承销

1.证券承销的概念

证券承销,是指证券经营机构依照承销协议包销或代销发行人向社会公开发行的证券的行为。证券承销是证券间接发行时所采用的发行方式。

2.证券承销的方式

（1）证券代销。证券代销是指证券公司代发行人发售证券,在承销期结束时,将未售出的证券全部退还给发行人的承销方式。在代销方式下,发行人承担证券未售出的全部责任,证券公司免去了承担发行失败的风险。

（2）证券包销。证券包销是指证券公司将发行人的证券按照协议全部购入或者在承销期结束时将售后剩余证券全部自行购入的承销方式。在包销方式下,证券公司承担证券发行失败的风险。

（3）承销团承销。承销团承销,是指两个或两个以上的承销商组成承销团代替发行人向投资者出售证券的承销方式。我国《证券法》规定,向不特定对象发行的证券票面总值超过人民币5000万元的,应当由承销团承销。

3.证券承销的协议

证券公司承销证券,应当同发行人签订相关的代销或者包销协议,载明下列事项。

（1）当事人的名称、住所及法定代表人姓名;

（2）代销、包销证券的种类、数量、金额及发行价格;

（3）代销、包销的期限及起止日期;

（4）代销、包销的付款方式及日期;

（5）代销、包销的费用和结算办法;

（6）违约责任;

（7）国务院证券监督管理机构规定的其他事项。

4.证券承销的限制性规定

证券的代销、包销期限最长不得超过90日。证券公司在代销、包销期内,对所代销、包销的证券应当保证先行出售给认购人,证券公司不得为本公司预留所代销的证券和预先购入并留存所包销的证券。

三、证券交易

（一）证券交易的一般规定

证券交易,是指当事人之间在法定交易所,按照特定交易规则,对依法发行并交付的证券进行买卖的行为。证券交易当事人依法买卖的证券,必须是依法发行并交付的证券,非依法发行的证券,不得进行相关买卖。

与此同时,经过依法核准上市交易的股票、公司债券及其他证券,应当在上海或深圳证券交易所挂牌交易或者在国务院批准的其他证券交易场所转让。在证交所挂牌交易的证券,采用公开的集中竞价方式,实行价格优先、时间优先原则进行交易。

(二)证券上市

证券上市,是指发行人发行的有关证券,依照法定条件和程序,在证券交易所或其他法定交易市场公开挂牌交易的法律行为。申请证券上市交易,应当向证券交易所提出相关的申请,由证券交易所通过依法审核同意之后,由双方签订上市协议。

1.证券上市的条件

(1)股票上市的条件。股份有限公司申请股票上市,应当符合下列条件:股票经国务院证券监督管理机构核准已公开发行;公司股本总额不少于人民币 3000 万元;公开发行的股份达到公司股份总数的 25% 以上;公司股本总额超过人民币 4 亿元的,公开发行股份的比例为 10% 以上;公司最近三年无重大违法行为,财务会计报告无虚假记载。

申请股票上市交易,除应符合上述条件外,还应当向证券交易所报送相关的文件。

(2)债券上市的条件。公司申请公司债券上市交易,应当符合下列条件:公司债券的期限为 1 年以上;公司债券实际发行额不少于人民币 5000 万元;公司申请债券上市时仍符合法定的公司债券发行条件。

申请公司债券上市交易,除应符合上述条件外,还应当向证券交易所报送相关的文件。

2.证券上市的暂停与终止

(1)股票上市的暂停与终止。上市公司有下列情形之一的,由证券交易所决定暂停其股票上市交易：①公司股本总额、股权分布等发生变化不再具备上市条件；②公司不按照规定公开其财务状况，或者对财务会计报告作虚假记载，可能误导投资者；③公司有重大违法行为；④公司最近三年连续亏损；⑤证券交易所上市规则规定的其他情形。

上市公司有下列情形之一的，由证券交易所决定终止其股票上市交易：①公司股本总额、股权分布等发生变化不再具备上市条件，在证券交易所规定的期限内仍不能达到上市条件；②公司不按照规定公开其财务状况，或者对财务会计报告作虚假记载，且拒绝纠正；③公司最近三年连续亏损，在其后一个年度内未能恢复盈利；④公司解散或者被宣告破产；⑤证券交易所上市规则规定的其他情形。

（2）债券上市的暂停与终止。公司债券上市交易后，公司有下列情形之一的，由证券交易所决定暂停其公司债券上市交易：①公司有重大违法行为；②公司情况发生重大变化不符合公司债券上市条件；③发行公司债券所募集的资金不按照核准的用途使用；④未按照公司债券募集办法履行义务；⑤公司最近 2 年连续亏损。

公司有上述所列情形之一经查实后果严重的、在限期内未能消除的、公司解散或者被宣告破产的，由证券交易所决定终止其公司债券上市交易。

（三）信息公开制度

信息公开制度，就是证券发行人、上市公司及其他主体，采用合理的、依照法律所规定的方式，公开证券的相关发行、交易及与之有关的重大信息的一种法律制度。公开的详细内容主要有证券发行信息的披露和持续信息公开。发行人、上市公司依法披露的信息，必须具有真实性、准确性、完整性，不得出现虚假记载、误导性陈述或者重大遗漏。

1. 发行信息披露

证券公司在进行发行时,对发行人、拟发行的证券以及与发行证券有关的信息进行披露,如招股说明书、募集说明书、上市公告书等。

2. 持续信息公开

(1)定期报告。上市公司和公司债券上市交易的公司,应当在每一会计年度的上半年结束之日起 2 个月内,向国务院证券监督管理机构和证券交易所报送记载相关内容的中期报告。

上市公司和公司债券上市交易的公司,应当在每一会计年度结束之日起 4 个月内,向国务院证券监督管理机构和证券交易所报送记载相关内容的年度报告。

(2)临时报告。当有可能对上市公司股票交易价格产生较大影响的重大事件发生时,投资者在不知情的情况下,上市公司应当有所行动,立即将有关该重大事件的情况向国务院证券监督管理机构和证券交易所报送临时报告。

(四)禁止交易行为

1. 内幕交易

内幕交易,具体是指有关证券交易内幕信息的知情人员利用内幕信息进行证券交易的行为。证券交易内幕信息的知情人和非法获得内幕信息的人,在内幕信息公开前,不得对该公司的证券进行相关的买卖,或者泄露有关该信息,甚至是建议他人买卖该证券。

2. 操纵市场

操纵市场,具体是指单位或个人在针对利益进行一定渠道的获取或者是使损失减少到最低程度作为目的时,利用手中的相关优势,如掌握的资金、信息等或者对职权进行滥用来对证券市场的价格造成一定的影响,制造证券市场假象,致使投资者在不了解事实的情况下进行交易。

3.虚假信息误导

虚假信息误导,具体是指任何单位或个人对证券发行、交易及其相关活动的事实、性质、前景、法律等事项严重误导或者含有重大遗漏的和其他任何形式的虚假陈述或者诱导,致使投资者在不了解事实真相的情况下做出证券投资决定的行为。

在证券交易中,禁止国家工作人员、传播媒介从业人员和有关人员随意编造、对虚假信息进行传播,对证券市场造成扰乱。禁止证券交易所、证券公司、证券登记结算机构、证券服务机构及其从业人员,证券业协会、证券监督管理机构及其工作人员,在证券交易活动中对信息做出虚假的陈述以及信息误导。

4.欺诈客户

在证券交易中,禁止证券公司及其从业人员对客户的利益进行下列损害以及欺诈行为。

(1)违背客户的委托为其买卖证券;

(2)不在规定时间内向客户提供交易的书面确认文件;

(3)挪用客户所委托买卖的证券或者客户账户上的资金;

(4)未经客户的委托,擅自为客户买卖证券,或者假借客户的名义买卖证券;

(5)为牟取佣金收入,诱使客户进行不必要的证券买卖;

(6)利用传播媒介或者通过其他方式提供、传播虚假或者误导投资者的信息;

(7)其他违背客户真实意思表示,损害客户利益的行为。

案例

老鼠仓事件

案例简介：

"80后"马乐，在硕士毕业后任深圳博时基金公司旗下"博时精选"股票证券投资基金经理。2011年3月至2013年5月，他利用其控制的"金某""严某进""严某雯"证券账户先于(1~5个交易日)、同期或稍晚于(1~2个交易日)其管理的"博时精选"基金账户，非法买入相同股票76只；累计成交金额10.5亿余元，获利1883万余元。2013年6月，深圳市证监局对马乐涉嫌利用未公开信息交易行为进行稽查发现，马乐通过不记名神州行卡电话下单，操作了上述股票账户。马乐获巨额利益，因其知悉"博时精选"基金交易的标的股票、交易时点和数量，对基金有完全的控制权。而基金标的股票、交易时点和数量，属于刑法第一百八十条第四款规定的内幕信息以外的"其他非公开信息"，故认为马乐涉嫌犯罪。2013年7月，证监会冻结马乐案件中涉案股票账户资金。同年7月17日，马乐到深圳市公安局投案自首。2014年1月，深圳市检察院就马乐案向深圳市中级法院提起公诉。同年3月24日，深圳市中级法院一审以利用未公开信息交易罪，判处马乐有期徒刑三年，缓刑五年，并处罚金1884万元，同时对其违法所得1883万余元予以追缴。马乐案"判三缓五"的判决引起广泛关注，不少人认为马乐案"量刑过轻"，有可能放纵犯罪。

案例分析：

依据刑法第一百八十条第一款对"内幕交易、泄露内幕信息罪"的规定，犯罪"情节严重"的，处五年以下有期徒刑或者拘役，并处或单处罚金；"情节特别严重"的，处五年以上十年以下有期徒刑，并处罚金。依据刑法第一百八十条第四款对"利用未公开信息交易罪"的规定，基金管理公司从业人员，利用未公开信息，违反规定从事相关证券交易活动，情节严重的，依照第一款的规定处罚。

马乐利用未公开信息交易的时间跨度长、交易金额及获利特别巨大、社会影响恶劣,应依照"情节特别严重"的量刑档次来处罚。考虑到马乐有自首、退赃情节,按照最高法的量刑指导意见,法院对其判处三到五年的有期徒刑是合理的,但判处有期徒刑三年并适用缓刑则明显与其"情节特别严重"的犯罪行为不相适应。

第五章 对外贸易管理法的
理论与案例分析

随着经济全球化的发展和深入,对外贸易成为推动我国经济发展的重要动力。为了对对外贸易进行管理,维护对外贸易市场秩序,促进对外贸易发展,就需要制定一系列科学有效的对外贸易管理法,并要根据不断变化的环境进行调整和更新。

第一节 对外贸易法概述

1994 年 5 月 12 日,《中华人民共和国对外贸易法》颁布,2004 年 4 月 6 日,第十届全国人民代表大会常务委员会第八次会议对其进行修订,并于同年 7 月 1 日起正式施行。《中华人民共和国对外贸易法》(以下简称《对外贸易法》)是我国对对外贸易关系进行调整的基本法律,本节就对其进行介绍。

一、对外贸易

对外贸易是指一个国家或地区与其他国家或地区进行商品或服务交换的活动。《对外贸易法》主要针对货物进出口、技术进出口和国际服务贸易三个方面进行规定。世界各国的对外贸易总和即构成了国际贸易,这表现为货物、技术、服务在国家间进行交换流动。对外贸易立足于一国范围,而国际贸易立足于国家间的双边或多边关系。所以对外贸易与国际贸易是不同的概念,它们不可以进行随意替代。

　　根据不同分类标准,对外贸易可以进行不同分类。根据贸易的对象,可分为货物贸易、技术贸易和服务贸易;根据贸易的性质,可分为进口贸易、出口贸易和过境贸易;根据贸易的清偿工具,可分为自由结汇贸易和易货贸易。

二、对外贸易法

　　对外贸易是一国国民经济活动的重要组成部分,它与国内产品的生产和销售、外汇收支的平衡、其他国家经济力量对本国经济发展的影响都具有很大关系。随着经济全球化的不断发展加深,世界上越来越多国家开始加强对对外贸易的管理,进一步加强对外贸易法律的调整,以此推广和执行对外贸易政策,维护其对外贸易秩序。《对外贸易法》是确认对外贸易主管机关和对外贸易经营者的法律地位,调整它们之间形成的对外贸易关系的法律规范的系统。从法律渊源角度来看,按照制定机关的不同可以将我国的对外贸易法分为两类。第一类为国内立法,是国内制定的与对外贸易相关的法律法规,例如《对外贸易法》以及依据该法制定的、规范对外贸易及其管理活动的行政法规、地方性法规和规章等相关立法;第二类为我国参加或承认的有关国际贸易的国际公约、国际条约以及国际惯例,这是国家间有关国际贸易方面的多边条约,例如《联合国国际货物销售合同公约》等。

　　我国用于调整对外贸易关系的基本法律是《对外贸易法》。加入世界贸易组织后,为我国发展对外贸易带来了全新的机遇。为了能够更好地适应全新的贸易环境,《对外贸易法》中的一些内容和规定需要进行一定调整和修改。2004 年 4 月 6 日第十届全国人民代表大会常务委员会第八次会议对《对外贸易法》进行了修订,并于同年 7 月 1 日起开始施行。这次修订的内容主要可以总结为下面三方面:第一,对我国《对外贸易法》中与我国"入世"承诺以及世贸组织规则不符合的内容进行修改;第二,按照我国

"入世"承诺以及世贸组织规则,增加关于享受世贸组织成员权利的实施机制和程序的规定;第三,对不适应新环境的内容和规定进行修改。《对外贸易法》可以促进我国对外贸易的进一步发展,维护我国对外贸易秩序,并对国家对外贸易管理活动的经济法律进行规范。

《对外贸易法》是我国对外贸易管理的基本法律,以法律的形式固定我国对外贸易政策,促进我国国民经济的健康、稳定、协调发展。近年来,根据《对外贸易法》和我国"入世"议定书,国务院先后制定了《货物进出口管理条例》《技术进出口管理条例》《反倾销条例》《反补贴条例》《保障措施条例》等一系列行政法规。其他相关部门也制定了一系列相关的配套行政规章,按照国务院的统一规定,对原有的涉外经济活动规章进行了清理,对那些不能适应世界贸易组织规则的规章制度进行修订和废止。随着我国的重视和努力,我国对外贸易法律制度已经日趋完善。

三、对外贸易法的适用范围

(一)对外贸易法在时间上的适用范围

对外贸易法在时间上的适用范围,是指其在时间上的效力,其中包括法律开始生效的时间、终止生效的时间以及法律的溯及力。我国《对外贸易法》规定:"本法自 2004 年 7 月 1 日起施行。"这就体现了法律开始生效的时间。

从理论层面来说,法律一般不具有溯及力。我国《对外贸易法》第七十条规定:"本法自 2004 年 7 月 1 日起施行",这并没有特别提及该法在时间上是否具有溯及力的问题,所以该法对于施行前发生的行为并不具有法律拘束力。对于此前发生的对外贸易事项,需要按照时间依据相关规定进行处理。

(二)对外贸易法在空间上的适用范围

法律在空间上的适用范围,是指法律生效的地域(包括领海、领空)范围。一般情况下,全国性法律的适用范围为全国,但有特别规定其适用于或不适用于某些地区的情况除外。我国《对外贸易法》是一部全国性法律,但其第六十九条规定:"中华人民共和国的单独关税区不适用本法。"根据我国相关法律以及实际情况,制定了这条规定。根据全国人民代表大会制定的《香港特别行政区基本法》《澳门特别行政区基本法》的规定,香港和澳门地区是中华人民共和国的单独关税区,单独关税区实行自由贸易政策,以此保证货物、无形财产和资本可以进行自由流动,并且在经济、贸易、金融、航运、旅游、科技、体育等领域,可以使用"中国香港"或"中国澳门"的名义,单独与世界其他国家、地区和相关国际组织建立和发展关系,并可以签订和履行有关协议。所以,我国《对外贸易法》的空间适用范围仅限于中国内地。

(三)对外贸易法对于人的适用范围

法律对人的效力,是指法律对人的适用范围以及约束范围。我国《对外贸易法》对人的适用范围包括与中国对外经济贸易和与对外贸易有关的知识产权保护有关的一切主体。与我国对外经济贸易有关的部分,是指关于我国货物、技术、服务的进出口的部分。我国对外经济贸易有关的主体大致上可以划分为两类:一类是负责对我国对外贸易相关方面进行管理工作的机关;另一类是在我国境内,从事对外贸易业务的外贸经营商。其中,对外贸易经营商是指,由相关部门批准,获得在我国境内从事对外贸易经营活动资格的法人、其他组织或者个人。

四、对外贸易法在我国市场经济中的作用

对外贸易管理是国家市场规制体系的重要组成部分。对外贸易法律制度是国家进行对外贸易管理的法律保障和手段,它可以维护对外贸易的秩序,促进对外贸易平稳发展,促进对外贸易体制改革,促进我国社会主义市场经济进一步发展。

我国《对外贸易法》推动我国对外贸易发展。是我国成为世界贸易大国的保障。改革开放以来,我国的对外贸易发展迅猛。1978 年我国进出口额仅为 206 亿美元,居于世界贸易排名第 27 位;2015 年我国进出口额达到 24.55 万亿美元,稳居世界第一。2015 年年末,我国的外汇储备达到 3.33 万亿美元。对于我国的对外贸易发展,对外贸易法律制度起到了十分重要的推动性作用。我国外贸法律制度越来越科学、合理、系统,尤其在加入世界贸易组织后,我国更加重视对外贸法律制度的建设和完善。

可以看出,对外贸易法是我国重要的法律部门,它可以推动我国扩大对外开放,进一步发展对外贸易,维护对外贸易秩序,保护对外贸易经营者的合法权益,促进社会主义市场经济的健康平稳发展。

第二节　货物进出口与技术进出口法律制度

货物进出口和技术进出口是进出口贸易的两个部分,二者的法律制度规定有相同之处,但根据两种贸易的不同在法律规定上也有不同的规定。

一、一般原则与例外规定

我国《对外贸易法》规定,准许货物和技术进行自由的进出口活动,但法律、行政法规另有规定的除外。根据相关法律规定,国家限制或者禁止有关货物、技术的进口或出口的原因如下。

第一,为了维护国家安全、社会公共利益或者公共道德,可以对相关货物或技术的进出口进行限制或者禁止;

第二,为了保证人类的健康和安全、保证动植物的生活和健康、保护环境,保护人的健康或者安全,需要限制或者禁止进口或者出口的;

第三,为实施关于黄金或白银进出口的措施,需要限制或者禁止进口或者出口的；

第四，国内存在供应短缺情况，或者为了对稀缺自然资源进行有效保护，需要限制或者禁止出口的；

第五，输往国家或地区存在市场容量有限的情况，需要限制出口的；

第六，出口经营秩序出现严重混乱，需要限制出口的；

第七，为了建立或推进加速发展的国内特定产业，需要限制进口的；

第八，对任何形式的农业、牧业、渔业产品有必要限制进口的；

第九，为保障国家国际金融地位和国际收支平衡，需要限制进口的；

第十，按照相关法律法规规定，需要限制或者禁止进口或出口的；

第十一，根据我国缔结或者参加的国际条约、协定的规定，其他需要限制或者禁止进口或者出口的。

对于与裂变、聚变物质或者衍生此类物质的物质有关的货物、技术进出口，以及与武器、弹药或者其他军用物资有关的进出口，国家可以采取任何必要手段，以确保国家安全。

国务院对外贸易主管部门与国务院其他有关部门，按照《对外贸易法》中的相关规定，制定、调整并公布限制或者禁止进出口的货物、技术名录。国务院对外贸易主管部门或者由其会同国务院其他有关部门，经过国务院批准，可以在《对外贸易法》第十六条和第十七条规定的范围内，临时对以上目录内容以外的特定货物、技术的进口或出口进行限制或禁止。

对野生动物、植物及其产品和文物等，其他法律、行政法规对此有禁止或者限制进出口规定的，依照相关规定执行。与军品、裂变和聚变物质或者衍生此类物质的物质有关的对外贸易管理以及文化产品的进出口管理，法律、行政法规另有规定的，依照相关规定执行。

二、贸易监测与贸易限制管理

(一)自动许可和合同登记制度

国务院对外贸易主管部门利用自动许可和合同登记制度,对一部分自由进出口的货物和技术进行贸易监测管理,是国家行使对外贸易管理职能的体现。

对自由进出口的货物进行自动许可管理,对自由进出口的技术进行合同登记管理,可以帮助有关部门对国家进出口情况进行有效监控,收集和统计进出口信息,建立进出口信息管理制度,将此作为依据对货物和技术的进出口进行科学地评估,并提供相应的建议。

《中国加入工作组报告书》中做出过承诺,自加入组织起,中国将调整自动许可制使其符合世贸组织的《进口许可程序协定》的规定。自动许可只是一种进出口备案,目的在于对进出口情况进行监测。所以,在对《对外贸易法》进行修订时,基于监测进出口情况进行了内容的补充,对一些自由进出口的货物实行进出口自动许可管理的内容。

1.关于部分自由进出口的货物的自动许可

《对外贸易法》中规定,根据监测进出口情况的需要,国务院对外贸易主管部门可以对部分自由进出口的货物实行进出口自动许可并公布其目录。实行自动许可的进出口货物,收货人、发货人在办理海关报关手续前进行自动许可提前申请的,国务院对外贸易主管部门或者其委托的机构应该允许通过;对于未进行自动许可申请的,海关不予放行。

我国现行法律法规中,有关自动进口许可的具体内容主要集中在《货物进出口管理条例》和《货物自动进口许可管理办法》中。这些文件中对自动进出口许可的规定基本上与世贸组织的《进口许可程序协定》一致。这些规定的主要相关内容如下。

第一，根据货物进口监测情况的需要，国务院对外贸易及相关经济管理部门可以按照规定的职责，对一些属于自由进口的货物实行自动进口许可管理；

第二，实行自动进口许可管理的货物目录，必须至少在目录实施前的21天进行公布；

第三，进口属于自动进口许可管理的货物，均应当给予许可；

第四，开展属于自动进口许可管理的货物的进口活动时，进口者需要在办理海关报关手续前，向国务院对外贸易主管部门或相关经济管理部门提交其自动进口许可申请；

第五，国务院对外贸主管部门或相关经济管理部门在确实收到自动进口许可申请后，应该立刻发放自动进口许可证明，如有特殊情况，自动进口许可证明的发放时间最长不得超过10天；

第六，进口经营者要凭借国务院对外贸易主管部门或相关经济管理部门发放的自动进口许可证明，在海关办理相关报关检验放行手续。

《货物自动进口许可管理办法》规定，进口经营者在申请自动进口许可证时，需要提交一些文件和材料，其中包括：自动进口许可证申请表、货物进口合同、行政主管机关核准经营范围的法定文件复印件、委托代理进口的货物需提交委托人与进口经营者签订的代理进口合同、对进口货物用途或最终用户有特定规定的货物需要提交可以证明其用途或最终用户符合国家规定的材料、其他主管部门要求提供的相关材料。

符合国家关于从事自动许可货物进口经营法律法规的相关要求的进口经营者，都可以申请并获得自动进口许可证。对于国家指定经营管理的货物，需要国家指定的经营企业才可以申请和获得自动进口许可证；非指定经营企业如有指定经营管理货物进口的需求，需要委托指定经营企业代理进行货物进口，由该代理指定经营企业进行自动进口许可证的申请。对以指定经营管理中有关例外规定的方式进口指定经营管理货物的，进口经营者可直接向相关管理部门申请自动进口许可证。属于国营贸易管理的货物，国营贸易企业和非国营贸易企业均需要按照国家相关的管理规定申请和获取自动进口许可证。根据相关法律法规和国家产业政策，对进口货物用途或用户有特定规定的，要按照特别规定要求进行自动进口许可证的申请。加工贸易方式，货样、广告品进口，国家法律法规规定免领自动进口许可证的其他贸易方式免领自动进口许可证。对临时禁止进口或进口数量有所限制的自动进口许可管理货物，自临时措施生效之日起，不再签发自动进口许可证。

《自动进口许可证》实行"一批一证"制，这是指同一份自动进口许可证只可以进行一批次报关，不可以进行分批累计使用。自动进口许可证有效期为 6 个月，若需要进行延期或者变更，需要撤销原有许可证进行重新办理。

2. 自由进出口的技术的合同备案登记

国务院对外贸易主管部门通过自由进出口的技术的合同备案登记，对技术进出口进行科学有效的检测。对属于自由进出口的技术，合同按照法律规定成立时生效，不将登记作为合同生效的条件。可以看出，合同登记管理制度的主要作用是进行技术进出口的备案，不是一种用于实质性审查的制度，也不直接影响自由进出口的技术合同的生效。

我国现行法律法规有关自动进口许可的规定主要通过《对外贸易法》《技术进出口管理条例》《技术自动进口许可管理办法》体现。《对外贸易法》第十五条规定，属于自由进出口的技术，需要向国务院对外贸易主管部门或其委托的机构办理合同备案登记。

《技术进出口管理条例》第十七条规定，我国规定可以进行自由进口的技术，需要到相关部门进行合同登记管理。对于这类技术，合同的登记并不会影响合同的生效，合同在按照相关法律法规成立时便即刻生效。这类技术的进口需要到国务院的对外贸易主管部门进行进口登记，按照相关规定提交合同登记申请书、技术进口合同副本、证明签约双方法律地位的证明文件。国务院对外贸易主管部门在收到进口经营商提供的规定文件后，应该在3个工作日内进行技术进口合同登记，并向其颁发技术进口合同登记证。进口经营者凭技术进口许可证或技术进口合同登记证，办理外汇、税务、海关等一系列有关手续。

根据《技术进出口合同登记管理办法》的规定，技术进出口合同包括专利权转让合同、技术秘密许可合同、专利申请权转让合同、技术服务合同、专利实施许可合同和含有技术进出口的其他合同。国务院对外贸易主管部门对这些技术进出口合同进行登记管理，目前实行的是网上在线登记管理。

重大项目的技术进口合同由商务部负责登记管理。重大项目是指：项目资金来源中含有国家财政预算内资金、外国政府贷款、国际金融组织贷款的项目；国务院立项批准的项目。各省、自治区、直辖市和计划单列市外经贸委（厅、局）（以下简称"地方对外贸易主管部门"）负责对重大项目以外的自由进出口技术合同进行登记管理。地方对外贸易主管部门也负责中央管理企业的自由进出口技术合同的登记管理。

地方对外贸易主管部门可授权下一级对外贸易主管部门对自由进出口技术合同进行登记管理。技术进出口经营者应该在合同生效后，到中国国际电子商务网上进行合同登记，并将技术进出口合同登记申请书、技术进出口合同副本、证明签约双方法律地位的证明文件提交到地方对外贸易主管部门或其授权机构，办理技术进出口合同的登记手续。地方对外贸易主管部门或其授权机构在收到技术进出口经营者提交的文件后，3个工作日内完成对合同登记的内容的核对工作，并向经营者颁发技术进口合同登记证或技术出口合同登记证。

自由进出口技术合同登记的主要内容包括：合同号、合同名称、技术供方、技术受方、技术使用方、合同概况、合同金额、支付方式、结汇方式、信贷方式。

(二)配额、许可证等管理方式

配额和许可证是一种用于控制进出口商品数量的重要非关税贸易管理手段,可以帮助相关管理部门有效地控制货物和技术的进出口。根据《中华人民共和国加入议定书》第七条非关税措施的有关规定,中国应执行附件 3 包含的非关税措施取消时间表,包括配额和许可证管理,在附件 3 中所列期限内,对该附件中所列措施所提供的保护在规模、范围或期限方面不得增加或扩大,且不得实施任何新的措施,除非符合《WTO 协定》中的规定。

配额包括进口配额与出口配额。进口配额又称进口限额制,指一个国家在一段时间内,对某些商品的进口数量或金额进行直接限制。在规定的时间内,商品只可以在配额范围内进行进口,超过范围则不予进口。进口配额是一种国际贸易中实行数量限制的重要手段,该措施的实施目的是保护国内某些商品不受到相关进口产品的影响。进口配额主要分为绝对配额和关税配额。要通过国家颁发的进口许可证,对进口配额进行有效管理。

根据《对外贸易法》的规定,我国对限制进口或出口的货物,采取配额、许可证等方式进行限制管理;对限制进口或出口的技术,采取许可证方式管理。实行配额、许可证管理的货物和技术,需要按照国务院规定通过国务院对外贸易主管部门或通过其会同其他相关经济管理部门的许可,才被允许进行进口或出口。国家对部分进口货物可以实行关税配额管理。国务院对外贸易主管部门或其他相关经济管理部门,在其职责范围内规定进出口货物配额、关税配额,进行配额的分配需要遵循公平、公正、公开和效益的基本原则。进出口货物配额、关税配额的具体规定办法由国务院进行规定。

(三)原产地管理

原产地管理是指通过货物原产地的具体判定标准予以确定、审批、办理进出口货物原产地证书和原产地标识的管理行为。在国际贸易中,根据原产地原则确定进出口货物或服务的一系列标准,也就是确定其"经济国籍"的一系列标准。

国务院规定对进出口货物进行原产地管理的具体办法。原产地规则涉及很多方面的内容,包括最惠国待遇、保障措施、反倾销和反补贴、自由贸易与关税同盟、关税减让和发展中国家普惠制等。世贸组织将原产地原则扩展至服务贸易领域,进一步凸显了原产地规则的重要性。为了适应加入 WTO 后的新环境,我国对外贸易法也相应增加了对进出口货物进行原产地管理的内容。2004 年 8 月 18 日国务院第六十一次常务会议通过《进出口货物原产地条例》,并于 2005 年 1 月 1 日起正式施行,这一条例可以更加准确地明确进出口货物的原产地,实施各种有效的贸易措施手段,进一步促进对外贸易发展,其包含以下主要内容。

1.适用范围

《中华人民共和国进出口货物原产地条例》适用于实施最惠国待遇、反倾销和反补贴、国别数量限制、原产地标记管理、保障措施、关税配额等非优惠性贸易措施,以及进行政府采购、贸易统计等活动对进出口货物原产地的确定。需要注意的是,《进出口货物原产地条例》不适用于实施优惠性贸易措施对进出口货物原产地的确定。

2.原产地确定标准

货物完全于一个国家或地区获得,将该国或地区确定为其原产地;货物经过两个以上国家或地区参与生产的,将最后完成实质性改变的国家或地区确定为其原产地。货物生产过程中使用的厂房、设备和工具的原产地,以及不是构成货物物质成分的材料或未组成货物部件的材料的原产地,都不会影响该货物的原产地的确定。在《进出口税则》中货物的容器、包装、包装材料与该货物一并归类的,这些物件的原产地同样不影响该货物的原产地的确定;对于货物的容器、包装、包装材料的原产地不进行单独确定。在《进出口税则》中货物的容器、包装、包装材料与该货物不一并归类的,按照条例的规定对这些东西进行原产地的确定。

3.进口货物原产地管理

进口货物的收货人需要按照《海关法》及相关规定到海关申报办理进口货物的相关手续,办理手续时需要按照《进出口货物原产地条例》确定的原产地进行上报;若同一批货物的原产地不统一,需要进行原产地的分别申报。在货物进口前,进口货物的收货人或其他直接相关者,如果有正当理由,可以通过书面申请请求海关对将要进口的货物的原产地做出预确定决定;申请人需要按照相关规定的要求,向海关提供货物的原产地证明资料。海关在收到申请人提交的原产地预确定书面申请及全部必要资料之日起150天内,按照《进出口货物原产地条例》的规定对该进口货物做出原产地预确定决定,并对外公布。对于已做出原产地预确定决定的货物,自预确定决定做出之日起3年内进行实际进口时,若海关审核确定实际进口的货物与之前预确定决定货物相符,并且本条例相关的原产地确定规则没有发生改变的,海关将不再重新对该实际进口货物的原产地进行确定;若海关审核后发现实际进口的货物与预确定决定的货物并不相符的,海关应按照本条例的相关规定对实际进口货物的原产地进行重新审核确定。

4.出口货物原产地管理

出口货物发货人可以向国家质量监督检验检疫总局所属的各地出入境检验检疫机构、中国国际贸易促进委员会及其地方分会(以下简称"签证机构"),申请领取出口货物原产地证书。出口货物发货人需要按照规定在签证机构办理注册登记手续,并将其出口货物的原产地如实上报,按照签证机构的要求提供一切所需资料,进行出口货物原产地证书的申领。签证机构收到出口货物发货人的申请后,需要按照具体规定对出口货物原产地进行审查确定,并向申请人签发出口货物原产地证书;对于原产地不属于中华人民共和国境内的出口货物,签证机构应当拒绝签发出口货物原产地证书。国家质量监督检验检疫总局会同国务院其他有关部门、机构,制定出口货物原产地证书签发管理的具体办法。如果出口货物进口国家或地区向相关机构提出请求,海关、签证机构可以按照本条例的规定对出口货物的原产地进行检查核实,并将核查结果及时反馈到进口国家或地区有关机构。

(四)商品合格评定制度

国家实行统一的商品合格评定制度,根据有关法律、行政法规的规定,对进出口商品进行认证、检验、检疫。合格评定是指通过直接或间接的方式,对有关产品是否符合技术法规或标准中的要求开展的活动。《对外贸易法》规定,我国实行统一的商品合格评定制度,按照相关法律法观的规定对进出口商品开展认证、检验、检疫。目前我国关于进出口产品的合格评定法律法规主要有《进出口商品检验法》《进出境动植物检疫法》《认证认可条例》等。

三、相关案例分析

案例:

深圳中海天华餐饮连锁企业从香港迅达不锈钢制品公司进口一批原产于马来西亚的不锈钢餐刀和其他不锈钢制品(属于法检商品,列入《自动进口许可管理目录》),货物总价 20000 元,进口关税税率为 15%。运载该批货物的运输工具 2013 年 5 月 26 日从深圳口岸申报进境,收货人于 2013 年 6 月 1 日向深圳海关传送报关单电子数据,海关当天受理。该公司发现,该批货物有多处申报差错,必须要撤销原电子数据报关单,故向海关申报并经海关审核同意于 2013 年 6 月 2 日撤销原电子数据报关单,遂于 6 月 20 日重新向海关申报,海关当天受理申报并发出现场交单通知,收货人 6 月 21 日向海关提交了相应的纸质单证。经海关审核报关单,并查验货物无误后,海关根据申报的货物计算税费打印纳税缴款书和收费票据。凭海关签发的缴税通知书和收费单据在限定的时间内向指定银行缴纳税费,经海关审核报关单,进出境现场放行和货物结关,凭加盖有海关放行章戳记的进口提货凭证提取进口货物,办理货物装上运输工具离境的手续。

案例分析:

从进出口货物收发货人角度包括:申报—配合查验—缴纳税费—提取或装运货物。从海关的角度包括:海关审单(决定是否受理申报)—查验—征税—放行。

第一,进行货物申报。准备申报单证:报关单、基本单证(进口提货单、商业发票、装箱单等)、特殊单证(进出口许可证、加工贸易手册、原产地证明等)。申报前看货取样:收货人提出申请;海关同意并派员现场监管。海关开具取样记录和取样清单,收货人签字确认。确定进口货物的品名、规格、型号,了解货物的状况。然后进行电子数据申报提交纸质报关单和随附单证。

进口货物应当在进境地海关申报,因此申报地点为深圳。运载进口货物运输期限为运输工具申报进境之日起 14 天内(从运输工具申报进境之日起的第二天开始算),由于运载该批货物的运输工具于 2013 年 5 月 26 日从深圳口岸申报进境,因此该货物的申报期限为 2013 年 6 月 9 日之内。对于电子数据报关单被退回,重新申报的,申报日期为海关接受重新申报的日期。该货物的申报日期为 6 月 21 日。

第二,配合海关检查。查验地点:深圳海关监管区。查验方法:彻底查验或抽查,人工查验或设备查验。查验时间由海关以书面形式提前通知,正常工作日。主要负责搬运货物、开箱、封箱。回答提问,提供有关单证。协助海关提取需要作进一步检验、化验或鉴定的货样,收取海关开具的取样清单。确认查验结果,在《海关进出境货物查验记录单》签字。

第三,缴纳税费。对于经海关审核,必须撤销原电子数据报关单重新申报产生滞报的,滞报金的征收,以撤销之日起第 15 日为起始日。由于海关审核同意于 2013 年 6 月 2 日撤销原电子数据报关单,因此申报期限为 2013 年 6 月 17 日之前,收货人 6 月 21 日向海关提交了相应的纸质单证,逾期 4 天。滞报金 20000×4×0.00005＝4,滞纳金 50 元起征,因此不用缴纳滞纳金。经海关审核报关单,并查验货物无误后,海关根据申报的货物计算税费打印纳税缴款书和收费票据。凭海关签发的缴税通知书和收费单据在限定的时间内(收到缴款书后 15 日内)向指定银行缴纳税费,或在网上进行电子支付。

第四,提取或装运货物。由海关在提货凭证或出口装运凭证上加盖海关放行章。实行无纸通关的海关,根据海关放行的报文,自行打印放行凭证。凭证提取货物离境。凭加盖有海关放行章戳记的进口提货凭证提取进口货物。申请签发报关单证明联主要有:进口付汇证明联以及进口货物证明书。

第三节　国际服务贸易管理制度

随着经济全球化的发展和深入,国际服务贸易高速发展。我国《对外贸易法》对国际服务贸易进行了相关规定。本节对国际服务贸易的概念和特征进行阐述,同时介绍我国对国际服务贸易的监督和管理制度。

一、国际服务贸易的概念、特征

《服务贸易总协定》中对国际服务贸易的解释为,服务提供者从一国境内,通过商业现场或自然人现场向消费者提供服务,并通过以上行为获取外汇收入的过程,其中包括跨境交付、自然人流动、境外消费、商业存在等形式。

国际服务贸易相较于国际货物贸易,有以下几个主要特征。

第一,国际服务贸易与国际货物贸易不同,是无形贸易,它提供的无论什么方面和领域的服务都属于无形交易;

第二,国际服务贸易的对象主要为智力劳动,而不是具体商品,例如版权、会计、法律等知识;

第三,国际服务贸易的生产、流通、消费环节并没有明确划分,其在服务的生产、销售与消费方面具同时性、非储存性和非转移性等特征;

第四,国际服务贸易的相关统计数据一般通过各国的国际收支平衡表体现;

第五,国际服务贸易的监管方式与国际货物贸易有很大区别。服务贸易不需要通过海关,进出口关税、进出口许可证等手段无法对其进行有效监管,一般只可以利用国内的相关立法,对服务提供者的主体资格限制、经营范围限制、股权限制、税收歧视或补贴歧视等方面进行监管。

二、我国对国际服务贸易的监督和管理

(一)基本原则

《对外贸易法》规定,我国在国际服务贸易方面根据所缔结或参加的国际条约、协定中做出的承诺,给予其他缔约方、参加方市场准入和国民待遇。

在《服务贸易总协定》中,国民待遇义务和市场准入原则属于具体承诺的范围。在《服务贸易总协定》制度下,各成员方有义务对市场准入和国民待遇进行具体承诺。市场准入和国民待遇需要通过各成员进行具体谈判进而确定,并不是自动适用于各服务部门的。各成员方有权决定其对于市场准入和国民待遇的适用部门,以及关于这方面的条件和限制。协定各成员方的承诺表分为两个单独栏目,在表中列出适用的部门、分部门,以及给予国民待遇的资格和条件等。我国在《加入议定书》的服务贸易具体承诺减让表中,对国内的 11 项服务行业的市场准入及国民待遇的条件、资格进行了承诺。我国根据在国际服务贸易方面做出的具

体承诺,给予相应的成员市场准入和国民待遇。对于与我国没有条约、协定关系的国家,遵循互惠、对等的基本原则处理国际服务贸易关系。

(二)例外规定及管理机关

1.限制或者禁止有关国际服务贸易的规定

《对外贸易法》对国际服务贸易的限制或者禁止情形进行了规定。

第一,为了维护国家安全、维护社会公共利益、维护公共道德,有必要进行限制或禁止的;

第二,为确保人类的生命健康安全,保护动植物的生命健康,保护自然环境,有必要进行限制或禁止的;

第三,为建立或者加快建立国内特定服务产业,有必要进行限制的;

第四,为保障国家外汇收支平衡,有必要进行限制的;

第五,按照相关法律法规,其他需要限制或者禁止的;

第六,根据我国缔结或者参加的国际条约、协定的规定,其他需要限制或者禁止的。

2.国家安全例外规定

《对外贸易法》第二十七条规定,国家对与军事有关的国际服务贸易,以及与裂变、聚变物质或者衍生此类物质的物质有关的国际服务贸易,为了维护国家安全,可以采取任何必要的措施。战争时期或为维护国际和平与安全,国家在国际服务贸易方面可以采取任何必要的措施。

3.国际服务贸易的管理机关

我国《对外贸易法》规定,国务院对外贸易主管部门和国务院其他相关部门是我国国际服务贸易管理机关。其中,国务院对外贸易主管部门指国家商务部。国务院其他有关部门包括服务贸易的行业管理部门和经济监督和执法部门。

三、相关案例分析

案例：

中国某地粮油进出口公司 A 与欧洲某国一商业机构 B 签订出口大米若干吨的合同。该合同规定：规格为水分最高 20％，杂质最高为 1％，以中国商品检验局的检验证明为最后依据。单价为每公吨××美元，FOB 中国某港口，麻袋装，每袋净重××公斤，买方须于×年×月派船只接运货物。B 机构并没有按期派船前来接运，一直延误了数月才派船到约定地点接货。当大米运到目的地后买方 B 发现大米生虫，于是委托当地检验机构进行了检验，并签发了虫害证明，买方 B 据此向卖方 A 提出索赔 20％货款的损失赔偿。当 A 接到对方的索赔后，不仅拒赔，而且要求对方 B 机构支付延误时期 A 方支付的大米仓储保管费及其他费用。另外，保存在中国商品检验局的检验货样至争议发生后仍然完好，未生虫害。

第一，A 要求 B 支付延误时期的大米仓储保管费及其他费用能否成立，为什么？

第二，B 的索赔要求能否成立，为什么？

案例分析：

第一，可以成立，因为按 FOB 条件，由买方指定船只并订立运输合同，如果买方指定的船只不能在规定日期到达，则应由买方负担一切由此而产生的额外费用。在本案中，B 并没有按期派船前来接运，造成逾期提货，违反了双方之间的合同约定，应当对延误时期 A 方支付的大米仓储保管费及其他费用负责。

第二，不能成立，因为按 FOB 条件，买方承担货物自装运港越过船舷以后的一切风险。卖方 A 只能保证大米在交货时的品质，而运输途中所引起的大米品质变化不属卖方责任，而且合同规定:以中国商检局的检验证明为最后依据,而保存在中国商品检验局的检验货样至争议发生后仍然完好,未发生虫害,因此可以肯定卖方 A 交货时的品质是完好的。

第四节　与贸易有关的知识产权保护

知识产权是指权利人对其智力劳动所创作的成果享有的财产权利。在当今这个知识密集型时代,知识产权越来越受到广泛重视。在对外贸易中,也有很多涉及知识产权的部分。为了更好地规范对外贸易市场,促进对外贸易的健康稳定发展,应该重视与贸易有关的知识产权保护。

一、与对外贸易有关的知识产权保护概述

知识产权在全球范围内得到了越来越多的认可和重视,成为各国维护其国家利益的重要手段。为了适应全新的国际贸易形势,十届全国人大常务委员会第八次会议修订通过的《对外贸易法》增设了与对外贸易有关的知识产权保护的部分,以此防止侵权产品的进口,防止拥有知识产权的权利人滥用权利,并进一步加强我国知识产权在国际范围上的有效保护。本次修订结合了世界贸易组织的规则,借鉴其他国家相关立法的优点,通过相关贸易措施的实施防止侵权产品进口和知识产权权利的滥用,加强对外贸易中的知识产权保护,帮助我国适应新形势。

根据加入世界贸易组织拥有的权利和需要承担的义务,制定我国与对外贸易有关的知识产权保护的内容。根据加入世界贸易组织的法律文件《中国加入工作组报告书》,我国政府承诺为了达到与《TRIPS 协定》一致的目标,对我国关于知识产权方面的现行国内法进行修改、废止或制定,实现对知识产权进行保护的目标,履行《TRIPS 协定》规定的相关义务。为了实现承诺,我国于

2000 年 8 月 25 日修改了《专利法》,于 2001 年 10 月 27 日修改了《著作权法》《商标法》等知识产权基本法律,并对《著作权法实施条例》《商标法实施条例》《保护植物新品种条例》等一系列行政法规进行修改,废止《关于农业、畜牧业和渔业专利管理的暂行规定《关于〈图书、期刊版权保护试行条例〉的通知》等部门规章。通过以上大规模的国内法律制度的修改、废止和制定,我国基本上实现了承诺,实现了与《TRIPS 协定》的目标一致。同时,为了维护我国对外贸易秩序和公共利益,关于对外贸易中知识产权方面出现的限制竞争行为进行有效控制,在对《对外贸易法》进行修订时,增加和更新了关于对外贸易有关的知识产权保护方面的内容,并规定了相应的措施及制裁。

二、与对外贸易有关的知识产权保护的主要内容

(一)进口货物侵犯知识产权的处理

《对外贸易法》第二十九条规定,国家应该根据与知识产权相关的法律、行政法规,对对外贸易有关的知识产权进行保护。我国现行的主要知识产权法律法规包括《专利法》《商标法》《专利法实施条例》《商标法实施条例》《著作权法》《著作权法实施条例》《计算机软件保护条例》《集成电路布图设计保护条例》《保护植物新品种条例》《反不正当竞争法》等。

对于侵犯了知识产权,并对对外贸易秩序产生不良危害的进口商品,国务院对外贸易主管部门有权采取相应措施,包括在一定时期内禁止侵权人生产、销售相关货物进口等。

(二)对知识产权权利人在对外贸易中滥用知识产权的行为的处理

《对外贸易法》第三十条规定,若知识产权权利人出现阻止被许可人对许可合同中的知识产权的有效性提出质疑、进行强制性

一揽子许可、在许可合同中规定排他性返授条件等行为，并且对对外贸易公平竞争秩序产生危害的，国务院对外贸易主管部门有权采取一定措施对这种行为进行处理。可以看出，对于知识产权方面的问题处理，一方面要加强对其进行有效保护，另一方面要对滥用知识产权权利的行为进行控制。想要对对外贸易关于知识产权的部分进行有效管理，就需要在这两个方面进行平衡管理。国务院对外贸易主管部门对于那些滥用知识产权权利情节严重的，会在贸易领域进行相关处理。

(三)我国政府针对其他国家和地区未对我国的知识产权提供相应保护的行为的处理

《对外贸易法》第三十一条规定，对于我国的法人、其他组织或者个人在其他国家或地区，关于知识产权保护方面并不享有国民待遇，或对来源于我国的货物、技术或者服务不能提供充分有效的知识产权保护的，国务院对外贸易主管部门可以根据《对外贸易法》及其他相关法律法规，结合我国缔结或参与的国际条约和协定，对与这些国家或地区的贸易采取必要的措施。

三、相关案例分析

案例：

法国大酒库公司的"J. P. CHENET"商标于 2011 年在我国核准注册，通过核定可以使用的商品为第 33 类葡萄酒、汽酒、饮料、利口酒。2009 年，我国天津王朝葡萄酒公司获得授权，成为法国大酒库公司在我国境内的独家经销商。2012 年，法国大酒库公司发现某贸易公司未经其授权从英国进口其"J. P. CHENET"葡萄酒，遂向天津海关提出查验申请并提起侵害商标权诉讼。

案例分析：

首先，法院判定某贸易公司从英国进口的涉案"J. P. CHENET"葡萄酒来源是法国大酒库公司。我国《商标法》保护合法商标专用权、防止混淆商品或服务的来源、维护市场的公平竞争秩序、促进经济发展,同时还维护消费者以及社会公众的合法权益,以此平衡商标权所有人与消费者的保护。某贸易公司对进口的涉案三种葡萄酒并未进行任何形式的重新包装或改动,且涉案三种葡萄酒产品的级别均属于大酒库公司在我国境内所售产品中亦包含的日常餐酒等级,所以带有"J. P. CHENET"商标的葡萄酒产品在我国市场上的影响力并不会因为此次事件发生改变,消费者不会因为此次事件对"J. P. CHENET"商标的葡萄酒产品的态度发生转变,所以在质量等级和品质上并不存在大酒库公司提出的"重大差别"。因某贸易公司进口的涉案葡萄酒与大酒库公司在我国销售的葡萄酒的质量等级和品质并不存在实质性差异,所以涉案葡萄酒产品并不会影响消费者对"J. P. CHENET"商标的葡萄酒产品的购买决定,可以判定该进口行为不足以破坏相关消费者对商品来源的混淆和信任度,法国大酒库公司的商誉并未因此受到影响,所以法国大酒库公司关于某贸易公司未经其授权进口涉案葡萄酒构成商标侵权的主张不能成立。最终,法院驳回了法国大酒库公司的诉讼请求。

第五节　对外贸易秩序、救济和促进

我国《对外贸易法》是对我国对外贸易进行管理的法律,其目的在于促进对外贸易的发展,维护对外贸易的秩序。本节对对外贸易秩序制度和对外贸易促进制度进行分析。

一、对外贸易秩序制度

(一)对外贸易经营者应当依法经营

我国《对外贸易法》规定,在对外贸易经营活动中,不可以有违反有关反垄断的法律法规的规定的垄断行为;不可以进行不正当的低价销售、串通投标、进行商业贿赂等恶性竞争行为；不可以对出口货物原产地标记进行伪造、变造；不可以伪造、变造或买卖进出口货物原产地证书、进出口许可证、进出口配额证明或其他进出口证明文件；不可以使用不正当手段骗取出口退税；不可以进行非法走私；不可以逃避法律、行政法规规定的认证、检验、检疫；不可以采取违反法律、行政法规规定的其他行为。

1. 不得违反有关反垄断的法律、行政法规的规定，实施垄断行为

从经济学角度来说，垄断是一种对生产和市场进行控制的行为，少数企业利用其雄厚的经济实力，在一定市场领域内，实现对市场竞争的限制的市场状态。从法律角度来说，垄断是指各国反垄断法中规定的、垄断主体在市场的经济运行过程中进行排他性控制或对市场竞争进行实质性限制、妨碍公平竞争秩序的行为或状态。我国目前处于过渡期，虽然现行的是市场经济体制，但是仍然受到曾经长期实行的计划经济体制的影响，这就导致在社会经济生活中会出现一定程度的无法避免的行政垄断和经济垄断现象。关于市场上出现的垄断现象，政府部门发布了一系列相关法律规定，但是其效果并非十分理想，这是因为我国的经济体制改革并未完成，并且关于反垄断的规定不够系统。我国根据自身情况，吸取外国相关立法的经验，制定了《中华人民共和国反垄断法》，该法于2008年8月1日起开始实施。除此以外，《对外贸易法》也对反垄断方面进行了规定。

2. 不得伪造、变造或者买卖进出口原产地证明、进出口许可证

进出口商品的原产地证明，是由国家商检机构签发的一种公证鉴定证书，用于明确该进出口产品所属原产地。我国《出口货物原产地规则》规定，中华人民共和国出口货物原产地证明书是证明有关出口货物原产地为中华人民共和国的证明文件。我国签发的原产地证分为三种，即普惠制原产地证、纺织品原产地证和一般原产地证。原产地证的签发是由国家规定的有关部门进

行的。涉及原产地证的非法行为要负法律责任,例如提供虚假材料、骗取原产地证;伪造、变造原产地证;非法转让原产地证等。各国关于普惠制方案都对自己的原产地标准进行了具体规定,受惠国签证机构必须按给惠国的原产地标准审核签发原产地证明书,以此作为享受优惠的凭证。

进出口许可证是从事进出口贸易的经营者在进口或出口国家规定限制进出口的货物和技术时,必须获取的国家允许进口或出口的证明文件。海关依据进出口许可证判断是否对进出口商品进行放行。《中华人民共和国进口货物许可制度暂行条例》《出口商品管理暂行办法》等行政法规,对进出口许可证的范围、管理、监督、保障、法律责任进行了具体规定。

3. 不得骗取国家的出口退税

当国内商品出口后,国家税务部门会将企业缴纳的增值税、消费税等税款进行退还,使本国产品以不含税的价格进入国际市场,以此保证产品的国际竞争力,这种退税行为就是出口退税。出口退税可以有效地保证出口商品不会被双重课税,所以它是国际社会普遍认可的一种手段,许多国家都会实行出口产品零税率制。

但是一些外贸经营者为了牟取私利,通过不正当的欺骗手段,将其生产或经营的商品假报为出口商品,以此骗取国家出口退税。根据《出口货物退税管理办法》规定,企业若通过伪造、涂改、贿赂或其他非法手段骗取出口退税的,会按照我国《税收征收管理法》第四十四条进行处罚,对于情节严重者,会停止该企业半年以上的出口退税权。停止出口退税权是指该企业的一切出口或代理出口的产品不予退税。企业骗取退税数额较大或情节特别严重的,商务部有权撤销该企业的出口经营权。

4. 不得以不正当竞争手段排挤竞争对手

《反不正当竞争法》规范了市场行为,确立了市场竞争规则,目的在于保护和促进市场正当竞争。我国对外贸易活动中存在的较为典型的不正当竞争手段是,对内部市场抬价抢购,对外部市场低价竞销。这就导致了我国外汇收入减少,还可能导致国际市场对我国产品的倾销指控增多从而减少市场份额甚至失去市场。

5.不得侵害中华人民共和国法律保护的知识产权

知识产权,是指智力成果的创造人和经济活动中标记所有人依法所享有的经济权利和精神权利的总称。按照《TRIPS 协定》,知识产权包括版权、商标、产品设计、地理标志、专利等。

近年来,我国对于知识产权愈加重视,对于知识产权的保护也快速发展,先后颁布了《商标法》《专利法》《著作权法》《计算机软件保护条例》等一系列有关知识产权的法律法规。除此以外,我国缔结或参加的国际条约中有关知识产权保护的规定,我国也在法律保护的范围内。现在属于知识密集型时代,科学技术迅猛发展,当前的对外贸易与知识产权具有密切的关系。

涉及知识产权货物和服务的外贸经营者应该增强其知识产权观念,充分了解和学习知识产权相关法律法规,依法保护自己的知识产权,并不得侵犯他人的知识产权。

6.关于违反法律、行政法规规定的其他行为

与对外贸易相关的法律法规有很多,例如《进出口商品检验法》《税收征收管理法》《海关法》《产品质量法》等。这些法律法规对从事对外贸易的经营者都具有约束作用,对外贸易经营者应该严格遵守相关法律规定,进行合法经营。

(二)对外贸易经营者应按国家有关规定结汇、用汇

我国《对外贸易法》规定:我国对外贸易经营者必须按照国家相关外汇管理的规定开展其对外贸易经营活动。1993 年以来,我国在外汇管理体制方面进行了重大改革。1994 年 1 月 1 日起实

现了汇率并轨,实行外汇收入结汇制、银行售汇制。1994 年 3 月 26 日发布了《结汇、售汇及付汇管理暂行条例》。1996 年 1 月 29 日国务院发布了《外汇管理条例》,其中对包括贸易收支、劳务收支等在内的境内机构的经常项目进行规定,规定外汇收入必须调回境内,不可以违反国家相关法律法规的规定将外汇收入存放于境外,外贸经营者应该按照国务院关于结汇、售汇及付汇管理的规定,持有效凭证和商业单据向外汇指定银行购汇支付,同时对有关外汇的方面规定了法律责任。1996 年 6 月 20 日,中国人民银行发布了《结汇、售汇及付汇管理规定》,规定从事对外贸易的经营者必须按照法律规定进行结汇、售汇及付汇。

(三)对外贸易调查

《对外贸易法》专门设立章节对对外贸易调查进行专门规定。该法对于对外贸易调查事项的范围进行了规定。

第一,货物进出口、技术进出口、国际服务贸易对国内产业及其竞争力的影响;

第二,相关国家或地区存在的贸易壁垒;

第三,为了确定是否采取反倾销、反补贴或保障措施等对外贸易救济措施的必要性,有调查必要的相关事项;

第四,规避对外贸易救济措施的行为;

第五,在对外贸易经营活动中,关乎国家安全利益的事项;

第六,为执行本法第七条、第二十九条第二款、第三十条、第三十一条、第三十二条第三款、第三十三条第三款的规定,需要调查的事项;

第七,其他对对外贸易秩序产生影响的,需要调查的事项。

从上述规定可以看出:第一,国务院对外贸易主管部门独立执行,或会同国务院其他有关部门共同行使对外贸易调查权;第二,必须严格按照中国法律和行政法规行使对外贸易调查权;第三,在规定的第七项中实质上包括所有对对外贸易秩序产生影响需要进行调查的事项,所以虽然对对外贸易调查事项采取列举式的范围规定,但实际上并没有最终限制。

《对外贸易法》中关于对外贸易调查的方式和基本程序也进行了规定。国务院对外贸易主管部门发布进行对外贸易调查的公告,其调查方式有多种选择,例如书面问卷、实地调查、召开听证会、委托调查等。调查结束后,国务院对外贸易主管部门会对调查结果进行整理和分析,制作调查报告或进行处理裁定,并发布调查结果公告。

规定中还提出,在进行对外贸易调查时,相关的个人和单位需要配合和协助相关管理部门的工作。在进行对外贸易调查时,相关部门及其工作人员必须保证对涉及的国家秘密和商业秘密进行保密。

二、对外贸易促进制度

我国《对外贸易法》第九章对关于对外贸易促进的内容、任务及实施机构等方面的举措进行了规定,这些措施可以促进对外贸易的发展,进一步完善对外贸易法制建设。

(一)国家发展对外贸易金融机构,为外贸提供金融支持

随着我国加大开放程度,大力发展对外贸易,提供对外贸易服务的金融机构也越来越多,相关业务水平也在不断加强和完善,从事外贸结算、保险、国际融资、信托投资等业务的机构都有很大发展。1994 年 4 月 26 日,我国的外贸政策性银行成立,即中国进出口银行,并于同年 7 月 1 日起开始正式营业。中国进出口银行成立的主要目的是执行国家产业政策和外贸政策,为我国机电产品和成套设备等货物的出口在金融方面提供充分的政策性支持,促进资本性货物出口的发展。我国对出口贸易的政策性金融支持会进一步加强和完善,在融资、保险等方面提供相应的配套服务。

对外贸易发展基金和风险基金是国家设立的专项基金,其目

的是支持和鼓励对外贸易的进一步发展。建立对外贸易发展基金,促进出口产品基地的建设,促进企业进行创新性的产品研究和开发,提高出口产品的质量和档次,提高我国出口产品的国际竞争力。建立对外贸易风险基金,可以用于对外贸易市场的调查和开发。建立商业性与非商业性风险保险,为对外贸易经营者的外贸经营提供相对保障,减少其需要承受的风险。随着经济全球化的发展和深化,国际贸易的竞争愈加激烈,各国政府普遍采取支持外贸稳定发展的政策和措施,国家设立对外贸易发展基金、风险基金符合国际惯例。

(二)国家采取对外贸易促进措施

进出口信贷是指国家使用金融政策和金融手段,对对外贸易发展和交流进行支持和鼓励的重要措施。建立进出口信贷,为大型设备的出口提供贷款,调整和改善我国出口商品结构,提高我国出口产品的国际竞争力,出口信贷尤其重视对占用资金多的机电设备、成套设备和船舶等高附加值的资本货物的出口提供贷款服务。建立进口信贷,为我国引进项目和先进技术提供贷款服务,通过引进先进技术提高我国的生产技术,促进我国进口贸易的发展。

出口退税是一项国际普遍应用的鼓励出口的手段。出口退税符合国际通行的税收地域性原则,可以促进一国的出口活动符合现行的国际惯例。出口产品零税制是很多国家使用的出口制度,目的是促进国内外产品的公平竞争,建立和谐的国际市场秩序。我国会随着发展不断完善出口退税制度,坚持"征多少,退多少,未征不退,彻底退税"的原则和统一政策,加强出口退税的制度化建设。

根据我国对外贸易发展的需要以及外贸体制改革的进程,国家还要进一步扩大参与外贸经营的成员队伍;贯彻实施"以质取胜"和"市场多元化"战略;运用举办交易会、展览会等对外贸易促进措施,促进我国对外贸易的持续、稳定、快速、健康发展。

(三)进一步加强进出口商会的作用

进出口商会是外贸企业组成的自律性行业组织,其符合我国外贸体制改革的要求。商会章程会对组成和参加商会的条件进行说明和规定,按照商会章程对组内成员的外贸活动进行协调指导,向组内成员提供咨询服务,并可以向政府相关部门提出促进我国外贸行业发展的建议,自身也会开展一些促进对外贸易的相关活动。

(四)我国国际贸易促进组织

1952年,中国国际贸易促进委员会成立,它是我国的全国性贸易促进机构。1988年经国务院批准,同时使用"中国国际商会"名称。自成立以来,中国国际商会就致力于我国的外贸事业,为我国的对外贸易关系的发展作出重要贡献。

中国国际贸易促进委员会按照其章程规定,开展外贸联系、举办外贸相关展览、提供信息和咨询服务以及其他促进外贸发展的各类活动。

(五)扶持和促进民族自治地方和经济不发达地区发展对外贸易

对于那些民族自治地区和经济不发达地区,国家给予大力的扶持和促进,促进这些地区的外贸发展。这些地区进行对外贸易人员培训时,国家为其提供外贸信息;这些地区外贸经营者使用发展基金、风险基金时,国家给予照顾。

(六)扶持和促进中小企业开展对外贸易

随着人类社会的不断发展,人们对中小企业作用的认识也随之发生变化。1942年,经济学家熊彼特指出,在经济竞争中,大规模企业的作用十分重要,它们可以为经济增长提供长期动力;同时大规模企业的进步会带来技术进步,也就会促进制度的创新,反过来要求这些企业将获取的垄断利润用于进一步提高其技术进步。第二次世界大战后的 20 年间,西方工业国家的工业化程度不断提高,经济发展迅猛,这种现象很大程度上是对上述观点的支持。随着社会持续发展,这种发展趋势开始出现变化,通过扩大企业规模提高经济效率的观点开始受到挑战,中小企业的发展开始受到了广泛关注。

对我国而言,中小企业是我国市场的重要组成部分,是促进我国经济增长的重要力量,也是帮助社会纾解就业压力的重要途径。同时,中小企业可以促进技术进步,促进进出口贸易的发展,所以我国推进对外贸易的发展需要对中小企业进行扶持和促进。

第六节　对外贸易法律责任

我国《对外贸易法》对违反该法的法律责任进行了详细规定,其中包括行政责任、民事责任及刑事责任。本节对违反《对外贸易法》的法律责任进行分析。

一、违反国营贸易管理规定的法律责任

根据《对外贸易法》第十一条的规定,国家可以对部分货物的进出口实行国营贸易管理。实行国营贸易管理货物的进出口业务必须按照规定由经过授权的企业经营;国家允许部分数量的国营贸易管理货物的进出口业务由非授权企业经营的除外。《对外贸易法》第六十条规定,违反该法第十一条规定,未经授权擅自对国营贸易管理的货物开展进出口经营活动的,国务院对外贸易主管部门或其他相关部门可以对其处 5 万元以下罚款;情节严重的,可以自行政处罚决定生效之日起 3 年内,禁止违法者从事国营贸易管理货物的进出口业务,或撤销其已获取的从事其他国营贸易管理货物进出口的授权。

二、违反关于进出口限制和禁止有关规定的法律责任

（一）违反规定进出口属于禁止进出口的货物或者未经许可擅自进出口属于限制进出口的货物的法律责任

根据《对外贸易法》第六十一条规定,开展属于禁止进出口的货物的进出口业务的,或未经许可擅自开展属于限制进出口的货物的进出口业务的,海关按照相关法律法规的规定对其行为进行处理、处罚;如已经构成犯罪,则依法追究其刑事责任。

《货物进出口管理条例》第六十四条规定,开展属于禁止进出口的货物的进出口业务的,或未经批准、许可擅自开展属于限制进出口的货物的进出口业务的,按照刑法中关于走私罪的规定进行处理,依法追究其刑事责任;未达到刑事处罚标准的,按照海关法相关规定进行处罚;国务院对外贸易主管部门有权撤销其对外贸易经营许可。

《海关行政处罚实施条例》对违反海关监管规定的行为及其处罚进行了规定。违反海关监管规定的行为是指其行为违反海关法及其他有关法律、行政法规和规章,但并不构成走私的行为。违反国家进出口管理规定,从事国家禁止进出口的货物的进出口的,责令其退运货物,并处以 100 万元以下罚款。违反国家进出口管理规定,未获得批准、许可擅自从事国家限制进出口货物的进出口的,货物收发货人进行海关申报时不能提交有效许可证件的,涉及的进出口货物海关不予放行,并处以货物价值 30% 以下罚款。

《海关法》第八十二条规定,走私行为是指,违反本法及相关法律法规,逃避海关部门的监管,偷税逃税、逃避国家关于进出境的禁止性或者限制性管理,擅自对国家禁止或限制进出境的货物、物品或应该依法缴税的货物、物品进行出入境运输、携带、邮寄的行为。不构成走私犯罪的,海关没收其走私货物、物品及违法所得,并可以对其处以一定金额的罚款;构成走私犯罪的,按照

相关法律法规追究其刑事责任。

《海关行政处罚实施条例》规定,违反海关法及其他相关法律法规,逃避海关部门监管,偷税逃税、逃避国家有关进出境的禁止性或者限制性管理,未经相关部门的授权批准,在并未设置海关的地点对国家禁止或限制进出境的货物、物品或应依法缴税的货物、物品进行运输、携带进出境的;经过设立海关的地点,通过藏匿、瞒报、伪装、伪报或其他方式逃避海关监管,进行国家禁止或限制进出境的货物、物品或者应该依法缴税的货物、物品的运输、携带、邮寄进出境的,属走私行为。对于在内海、领海、界河、界湖,船舶及所载人员运输、收购、贩卖国家禁止或者限制进出境的货物、物品,或者运输、收购、贩卖依法应当缴纳税款的货物,没有合法证明的,按走私行为论处。进行国家禁止进出口的货物的走私活动的,没收其走私货物及违法所得,并可以对其处以100万元以下罚款;进行国家禁止进出境的物品的走私活动的,没收其走私物品及违法所得,并可以对其处以10万元以下罚款。

(二)违反规定进出口属于禁止进出口的技术的,或者未经许可擅自进出口属于限制进出口的技术的法律责任

根据《对外贸易法》第六十一条的规定,进行国家禁止进出口的技术的进出口的,或是未经许可擅自进行国家限制进出口的技术的进出口的,按照相关法律法规进行处理和处罚;对于没有明确的法律法规对其规定的,国务院对外贸易主管部门对其进行责令改正,没收其违法所得,并处以违法所得1倍以上5倍以下的罚款,没有违法所得或者违法所得不足1万元的,处1万元以上5万元以下罚款;若已构成犯罪,则按照相关法律依法追究其刑事责任。

《技术进出口管理条例》第四十六条规定,进行国家禁止进出口的技术的进出口的,或者未经许可擅自进行国家限制进出口的技术的进出口的,按照刑法中关于走私罪、非法经营罪、泄露国家秘密罪或其他相关罪的规定,依法追究其刑事责任;未达到刑事

处罚标准的,对所属情况进行区别,按照海关法的相关规定进行处罚,或者由国务院外经贸主管部门对其进行警告,没收其违法所得,并处以违法所得1倍以上5倍以下的罚款;国务院外经贸主管部门有权对违法者的对外贸易经营许可予以撤销。

《对外贸易法》还规定,自行政处罚决定生效之日或刑事处罚判决生效之日起,国务院对外贸易主管部门或其他相关部门,有权在3年内对违法者提出的进出口配额或许可证申请不予受理,有权在1年以上3年以下的期限内,禁止违法者从事有关货物进出口或技术进出口的经营活动。

（三）违反规定从事属于禁止的国际服务贸易的,或者未经许可擅自从事属于限制的国际服务贸易的法律责任

《对外贸易法》第六十二条规定,开展国家禁止的国际服务贸易活动的,或者未经许可擅自开展国家限制的国际服务贸易活动的,按照相关法律法规进行处理和惩罚;对于没有法律法规进行明确规定的,国务院对外贸易主管部门对其进行责令改正,并没收其违法所得,对其处以违法所得1倍以上5倍以下的罚款,对于没有违法所得或违法所得不足1万元的,处1万元以上5万元以下罚款;已经构成犯罪的,按照相关法律依法追究其刑事责任。自行政处罚决定生效之日或者刑事处罚判决生效之日起的1年以上3年以下的期限内,国务院对外贸易主管部门有权禁止违法者从事与国际服务贸易相关的经营活动。

违反相关法律规定,进行国家禁止的国际服务贸易活动的,或者未经许可擅自进行国家限制的国际服务贸易活动的,对这些违法行为的法律责任确认,以及处罚方式等,涉及很多涉外服务行业的相关法律、行政法规。例如《外资金融机构管理条例》《外资保险公司管理条例》等法律条例对这方面的违法行为进行了相关的处罚规定。

三、其他严重危害对外贸易行为的法律责任

《对外贸易法》第三十四条规定,在进行对外贸易活动中,不可以有下面这些危害对外贸易秩序的行为。

第一,进行进出口货物原产地标记的伪造、变造,进行进出口货物的原产地证书、进出口许可证、进出口配额证明或者其他进出口证明文件的伪造、变造或者买卖;

第二,通过非法手段骗取出口退税;

第三,一切走私行为;

第四,通过各种手段逃避相关法律法规规定的认证、检验、检疫;

第五,其他违反相关法律、行政法规的行为。

若进行以上违反规定的行为,则按照相关法律法规进行处罚;对于构成犯罪的,按照相关法律依法追究其刑事责任。国务院对外贸易主管部门有权禁止违法者自上述规定的行政处罚决定生效之日或者刑事处罚判决生效之日起 1 年以上 3 年以下的期限内从事有关的对外贸易经营活动。

四、相关案例分析

案例:

2015 年 1 月 12 日,华威进出口有限责任公司(以下简称华威公司)以一般贸易方式向某海关申报进口农药一批,货物总价值为人民币 50 万元。经某海关审查发现,华威公司进口的农药产品属于国家限制进口货物,且该公司申报时并没有提交有关许可证件,认为其行为违反了《海关法》的有关规定。

2015 年 1 月 25 日,某海关根据《海关行政处罚实施条例》(以下简称《处罚条例》)第十四条的规定,认定华威公司的上述行为违反海关监管规定,对该公司处以人民币 5 万元的罚款,同时决

定不予放行涉案货物。华威公司对海关的行政处罚决定未提出异议，在规定期限内如数缴纳了罚款，在缴纳罚款后多次向海关申请办理该批货物的通关放行手续。但是华威公司一直无法向相关部门提交涉案农药的进口许可证，所以海关对其放行申请未予批准。

行政复议情况。在多次申请未获批准的情况下，华威公司不服海关对其进口货物不予放行的处理决定，向某海关的上一级海关申请行政复议。华威公司在《复议申请书》中称，该公司未领取许可证件进口国家许可证件管理商品确实违反了法律规定，但其已因此受到海关处罚，承担了相应的法律责任，该公司在正常情况下所负有的提交许可证件的法律义务已得以免除；某海关在对该公司"无证进口"行为实施处罚后不应再要求其提交许可证件，更不能以此为由对涉案货物作不予放行处理；某海关对进口农药所作处理决定没有法律依据，致使有关货物长时间滞留港口无法通关，给该公司造成了巨大经济损失，请复议机关依法纠正某海关上述违法行为，尽快放行涉案货物，同时责令该海关赔偿其经济损失人民币 10 万元。

复议机关经审理认为，本案涉案货物属于国家许可证件管理商品，申请人华威公司申报进口上述货物时不能向海关提交有关许可证件，违反了国家进出口管理规定，被申请人依据《处罚条例》第十四条之规定对其科处罚款并无不当。同时，根据《处罚条例》第五条之规定，华威公司就上述货物所负有的提交许可证件、缴纳应缴税款及办理相关海关手续的义务不能因海关行政处罚而得以免除，在该公司不能交验进口许可证件的情况下，某海关不予放行涉案货物的决定于法有据，并不构成对当事人合法权益的侵害；华威公司因货物无证通关所受到的经济损失是由于其自身过错造成的，海关无须承担行政赔偿责任。2015 年 2 月 25 日，复议机关对本案作出行政复议决定：确认某海关对该公司进口农药不予放行的处理决定合法，驳回华威公司的复议申请和赔偿请求。

案例分析：

本案涉及"无证进出口"行为的处理问题。无证进出口，是指进出口货物收发货人（经营单位）在没有领取国家有关主管部门颁发的准予进口或出口证明文件的情况下，擅自进出口国家实行许可证件管理商品的行为。上述行为由于违反国家进出口管理的有关法律法规，属于明令禁止的违法行为。

执法实践中，无证进出口行为是一种较为常见的违反海关监管规定行为，对此类行为的处理原则和处罚标准，现行《海关法》和《处罚条例》均有明确规定。本案中，某海关正是依据海关法律法规的有关规定，对华威公司"无证进出口"行为做出相应处理的。应该说，某海关对华威公司科处罚款以及不予放行涉案货物的决定是有法律依据的，华威公司不服上述处理决定而申请行政复议，从一个侧面反映出该公司对海关处理"无证进出口"行为的有关原则与规定缺乏深入了解和正确认识。

第六章　市场管理法的理论与案例分析

在市场管理的过程中会出现很多的问题,需要市场管理法则来约束,所以市场管理法对于市场的管理来说是必不可少的。在市场中,存在着保证产品质量的法则、调整产品之间竞争关系的法则,以及垄断产品的行业规制、消费者的权益保护,产品在市面销售的价格法则,都需要相应的规范化管理。

第一节　产品质量法

一、产品质量法概述

(一)产品的概念

《中华人民共和国产品质量法》(以下简称《产品质量法》)中对于产品的概念的界定是指经过加工、制作,用于销售的产品。这里讲的产品主要有两个特点:一种是指经过加工,也就是将原材料、半成品进行加工、制作、改变其形状、性质、状态,成为可以出售的产出品,而未经加工的农产品和不动产等不包括在内;二是用于出售,也就是进入市场用于交换的商品,不用于销售仅是自己为自己加工制作所用的物品不包括在内。建设工程(如房屋、公路、桥梁、隧道等)不适用产品质量法的规定;但是在建筑工程中所使用的建筑材料、建筑的设备器具以及构配件等属于前款规定的产品范畴,适用产品质量法的规定。另外,根据《产品质量法》第七十三条规定,军工产品不适用该法规定。

(二)产品质量的基本要求

产品质量是指产品在正常或者规定条件下可以满足或者符合人们的特定需求以及所必须具备的性能的总和。不同产品有自己独特的用途,其性能也不同,但都应该符合以下基本要求:适用性,指产品要符合消费者的需要、满足社会的需求;使用性,指产品要满足用户所使用的目的以及具备的功能和特性;可靠性,是指产品在规定的使用时间内能够完成的功能,一般是指产品具有的实用性、耐久性以及容易维修的性能;安全性是指能够在正常的工作条件下以及使用环境下,不会造成人身伤害以及财产损失;经济性,指产品的制造成本和使用成本之和最小。

(三)《产品质量法》的概念

《产品质量法》是指调整产品在生产、销售以及使用过程中对质量进行的监督管理所发生的社会关系的法律法规的总称。1993 年 2 月 22 日我国第七届全国人大常委会第三十次会议通过了《产品质量法》,该法自 1993 年 9 月 1 日开始实施。2000 年 7 月 8 日第九届全国人大常委会第十六次会议通过了《产品质量法》修正案,对产品质量法进行了全面修改,修订后的产品质量法自 2000 年 9 月 1 日起施行。

二、产品质量监督管理制度

(一)产品质量管理制度

1.企业质量体系认证制度

企业质量体系认证制度是指国务院的产品质量监督部门或

者其他的授权部门的认证机构，根据国际通用的质量管理和质量保证系列标准，对企业的质量体系和质量保证的能力进行审核，经过认证合格后，对企业颁发质量认证证书，以兹证明的制度。所谓国际通用的"质量管理和质量保证"系列标准，指的是国际标准化组织（International Organization for Standardization，ISO）于1987年3月正式发布的ISO9000系列国际标准。我国对企业实行质量体系认证的依据是GB/T19000—ISO9000系列国际标准。企业根据自愿原则可以向国务院产品质量监督部门认可的或国务院产品质量监督部门授权的部门认可的认证机构申请企业质量体系认证。经认证合格的，由认证机构颁发企业质量体系认证证书。

2.产品质量认证制度

产品质量认证制度是指依据国际水平的产品标准和技术要求，经过认证机构确认并通过颁发证书和产品质量认证标志的形式，证明产品符合相应标准和相关技术要求的制度。产品质量认证包括自愿认证和强制认证两种形式。

企业可以根据自愿原则，向国务院的产品质量监督部门以及其他的授权部门通过认证得到申请产品质量的认证标准。经过认证后，达到合格的产品企业，可以由认证机关颁发产品质量认证证书，使企业在产品或者包装说明上面使用产品质量认证标志。目前我国国内认证标志经国务院产品质量监督部门批准的主要有：适用于电工产品的专用认证标志长城标志，适用于电子元器件产品的专用认证标志PRC标志，以及适用于其他产品的认证标志方圆标志。

2001年12月，国家发布《强制性产品认证管理规定》，对涉及人类健康和安全、动植物生命和健康及环境保护和公共安全的产品实行强制性认证制度。列入第一批《实施强制性产品认证的产品目录》的有19类132种产品。新的强制性产品认证制度于2002年5月1日起正式施行。自2003年8月1日起，对列入目录的产品,凡未获得强制性产品认证证书和未加示 CCC(CCC 为英文 China Compulsory Certification 的缩写,意为中国强制认证,也简称为"3C")强制性认证标志的产品,不得出厂、进口和销售。

3. 产品质量抽查制度

产品质量抽查是指国家质量监管部门对产品进行的一系列的监督检查方式。国家对可能会影响人们生活以及身体健康、财产安全的产品,影响国计民生的重要的工业产品以及消费者向质量监管部门反映的存在质量问题的产品进行抽查。抽查的样品应当在市场上或者企业成品仓库内的待销产品中随机抽取。监督抽查工作由国务院产品质量监督部门组织,对于县级以上地方的质量监督部门可以在本行政区域内进行组织监督抽查。法律方面对于产品的质量监督问题有不同的规定,可依照相关法律的规定执行。

对于产品的抽查结果,国家方面进行抽查后,地方不能再对其进行重复抽查;上级监督抽查的产品,下级不得进行另行抽查。根据监督抽查的需求,可以对产品进行检验。在检验的过程中,不得对抽取的样品数量超过合理的需求,不得对检查人员收取检验费用。监督抽查所需检验费用按照国务院规定列支。国家向社会公布产品抽查结果。如果对抽查检验产品的结果存在异议,生产者或者销售者可以在收到检验结果 15 日内起向实行监督检查的产品质量监督部门或者上级产品质量监督部门进行申请重新复检,由受理复检的产品质量监督部门做出复检结论。

如果检查过后的产品存在一定的质量问题,由实施监督抽查的产品质量监督部门责令其生产者、销售者限期改正。对于在规定的时间内不进行整顿的企业或者单位,由省级以上人民政府的产品质量监督部门予以公告;公告后进行检查仍不合格者,责令停业,限期整顿;整顿期满后经过复查后产品仍然存在问题的,吊销营业执照。

(二)产品质量监督制度

根据《产品质量法》的规定,我国的产品质量的监督主要有三种形式。

1.国家监督

这里是指代表国家机构的相关政府专职机构进行的监督,包括抽查型质量监督和评价型质量监督。

2.社会组织监督

保护消费者权益的社会组织就消费者所反映的产品质量问题提出相关建议,要求有关部门进行处理,支持消费者对产品质量问题造成的损失向人民法院起诉。

3.消费者监督

消费者有权就产品的质量问题,向有关产品生产部门查询或者向产品质量监督部门以及工商行政管理部门等有关部门进行申诉,接受申诉的部门应当负责处理。

《产品质量法》第八条规定:"国务院产品质量监督部门主管全国产品质量监督工作。国务院有关部门在各自的职责范围内负责产品质量监督工作。县级以上地方产品质量监督部门主管本行政区域内的产品质量监督工作。县级以上地方人民政府有关部门在各自的职责范围内负责产品质量监督工作。"

三、生产者、销售者的产品质量责任

(一)生产者的产品质量责任

1.产品质量应当符合有关要求

(1)产品不存在危害人身以及财产安全的不合理的危险,有

能够保障人体健康以及人身财产安全的国家标准、行业标准,应当符合该标准;

(2)产品应当具备的使用性能,除去对产品的使用性能以及功能做出的说明或者瑕疵;

(3)符合产品或者在其包装上面应当注明采用的产品标准,符合以产品说明、实物样品等方式表明的质量状况。

2.产品或者其包装上的标识应符合有关要求

(1)表明产品质量检验合格标志证明;

(2)有中文标明的产品名称、生产厂商厂名和厂址;

(3)根据产品的特点和使用要求,对产品的使用规格、等级、所包含的主要成分的名称以及含量,都必须要用中文进行标明;需要事先让消费者知晓,将这些标注在产品的外包装上,或者预先向消费者提供有关的资料;

(4)对于限期使用的产品,应当在产品的外包装上面标注产品的生产日期和产品的失效日期;

(5)对于可能造成使用不当的产品,容易造成产品损失以及危害人身财产安全的产品,应当标注出中文警示说明。

裸装的食品和其他根据产品的特点难以附加标识的裸装产品,可以不附加产品标识。

3.产品包装应符合有关要求

对于易燃、易爆、易碎,以及有毒气体、具有腐蚀性的、具有放射性的危险物品等,在存储运输的过程中应该特别对其包装有要求,防止与其他的物品混为一体。在其包装上面,应该根据国家相关的规定对其做出明确的标识以及警告说明,必须用中文标出,表示在其运输的过程中应当注意的事项。

4.不得违反法律的禁止性规定

(1)国家明令淘汰的产品,生产者不能生产;

（2）对于生产出来的商品，生产者不能对其生产地以及生产厂商进行伪造，冒用他人之名；

（3）生产品不得对认证标志等质量标志进行伪造和冒用；

（4）对于生产出来的产品，生产者在生产的过程中不得对其掺杂虚假、以次充好、以假乱真以及用不合格的产品冒充合格的产品。

（二）销售者的产品质量责任

建立并执行进货检查验收制度。销售者应当建立并执行进货检查验收制度，在进货的过程中需要对货物的质量进行检查，验明产品合格证明和其他标识。

对产品的质量销售情况采取措施。销售者进货后应当采取措施，保持销售产品的质量。

产品的标识应当符合《产品质量法》的规定。

不得违反法律的禁止性规定。销售方不能销售国家明令禁止出售的产品和过期的、变质的产品。销售者在出售产品的时候不能对产品的制造商以及制造地进行伪造、冒用。对于认证标志等质量标志不能伪造。

根据《产品质量法》第四十五条规定："因产品存在缺陷造成损害要求赔偿的诉讼时效期为 2 年，自当事人知道或应当知道其权益受到损害时起算。"

四、案例分析

案例一：银川市重庆"123"火锅使用回收地沟油案

2014 年 1 月 23 日，相关食品检查部门与公安部门联合行动，一举端掉位于永宁县望远镇用废弃油脂加工火锅底料的黑作坊，依法查处重庆"123"火锅 5 家门店使用回收加工的地沟油作为食品原料的违法行为。依照国家《食品安全法》没收其违法所得212400 元，没收火锅底料 676 公斤，处以罚款 245000 元，吊销《餐饮服务许可证》。司法机关以生产销售有毒、有害食品罪分别判处涉案人员李某（男）、周某（男）、朱某（女）3 人有期徒刑 3 年、1 年 6 个月、1 年,并处罚金 10 万元、9 万元、9 万元。

案例二：王来福生产销售有毒有害食品案

2014 年 8 月 14 日,依法取缔了位于兴庆区大新镇新渠稍十二队王来福无生产许可证生产加工酱油、食醋的黑加工点。其生产的酱油、食醋经检验含有"日落黄"和"敌敌畏"等有毒有害物质。王来福涉嫌刑事犯罪,案件已移送公安机关。

第二节　反不正当竞争法和反垄断法

一、反不正当竞争法概述

（一）不正当竞争的概念及其特征

不正当竞争是指经营者违反《中华人民共和国反不正当竞争法》（以下简称《反不正当竞争法》）的规定,在经营的过程中损害了其他经营者的合法利益,扰乱了社会的正常经营秩序。不正当的竞争行为具有以下特征。

不正当竞争行为的主体是经营者。《反不正当竞争法》明确规定,"本法所称的经营者,是指从事商品经营或者营利性服务的法人、其他经济组织和个人。"按照这一规定,经营商品以及提供营利性服务的单位和个人,都是经营者。政府及其所属的部门滥用行政权力,妨碍经营者公平竞争的行为,不属于本质意义上的不正当的竞争行为,但也是《反不正当竞争法》的规制对象。

《反不正当竞争法》中规定的违反不正当竞争行为,包括违反了该法中对于各种不正当竞争行为的禁止的具体规定,违反了该法中自愿、公平、公正、诚实守信的原则。

（二）不正当竞争行为的危害

不正当竞争行为的危害主要有：

严重损害了其他的经营者以及广大消费者的合法权益；

严重破坏了市场公平交易和公平竞争，扰乱社会经济秩序；

严重败坏了社会风气，造成了道德水准的普遍下降。

（三）反不正当竞争法的概念

《反不正当竞争法》是调整在制止不正当竞争过程中发生的社会关系的法律规范的总称。《反不正当竞争法》于 1993 年 9 月 2 日第八届全国人民代表大会常务委员会第三次会议通过，自 1993 年 12 月 1 日起施行。

（四）不正当竞争行为

1.仿冒行为

仿冒行为是指在行为上以及在其他商品的外观以及标识上面进行仿造的行为，使消费者将其产品误认为是其他的产品或服务的行为。仿冒行为具体表现如下。

假冒他人的注册商标。未经注册商标所有人许可对其商品商标进行加工经营，使用在所经营的相同或类似商品上。

擅自使用某知名品牌商品的特有包装、装饰以及借用别人的名字，或者将自己的品牌包装成为与知名商品类似的包装效果，导致人们的认知混淆，使购买者在不知情的情况下误认了品牌。

在商品上伪造或者冒用其他的认证商标以及标识等质量标志，对其产地进行伪造，使人们对产品质量产生误解的虚假表示。

2.商业贿赂行为

商业贿赂行为是指经营者在经营的过程中为了对产品进行销售或者购买商品而采用财物或者其他的手段对其对方单位或

者个人进行贿赂的行为。这里"财物"是指现金和实物,"其他手段"是指提供国内外各种名义的旅游、考察等给付财务以外的其他利益。商业贿赂的主要形式是回扣。

商业贿赂的构成要件:

经营者是商业贿赂主体;

经营者是要经过工商行政管理机构登记注册的,不是经营者不能成为商业贿赂的主体;

商业贿赂行为人的目的是为了在商品经营活动中取得交易成功的机会,以及减少竞争的压力;

客观上采用了以秘密给付财物或其他手段贿赂对方单位或个人的行为。

3.虚假宣传行为

虚假宣传行为是为了达到将商品销售出去的目的,对商品或者服务的质量、制作成分、性能、用途、生产者、有效期限、产地等做出虚假性的宣传行为。

4.侵犯商业秘密行为

商业秘密是指不为公众所知悉的,能够为权利人带来经济利益、具有实用性并经权利人采取保密措施的技术信息和经营信息。商业秘密可分为技术性商业秘密和经营性商业秘密。商业秘密具有秘密性、商业性和保密性三大特点。

侵犯商业秘密是指在经营的过程中,经营者通过一些不正当的手段或者渠道来获取权利人的商业秘密。

侵犯商业秘密的行为主要有:

通过以盗窃的方式、或者威胁、或者以其他手段来诱惑得到的权利人的商业秘密;

通过其他的途径获取、披露、使用以及让他人使用权利人的商业秘密;

违反了与权利人之间的秘密约定,擅自将权利人的商业秘密

进行公布,或者将其告诉别人,允许其盗用权利人的商业秘密;

第三人在知道将商业机密泄露出去属于违法行为,但还是获取或者使用以及披露他人的商业机密,视为侵犯商业机密。

5.滥用行政权力的行为

滥用行政权力是指政府机关及其所属机构实行行政强制性的经营活动,限制他人来购买其指定经营者的产品,限制经营者正当的经营活动,对外来地区商品进入本地市场进行限制以及限制本地产品进入外来市场,实施封锁的行为。

6.降价排挤行为

降价排挤行为是指经营者在经营的过程中为了排挤竞争对手而以低于成本价格来销售商品的行为。

不构成降价排挤行为的四项法定情形:销售鲜活的商品;处理有效期限内即将到期的商品或者积压的商品;季节性降价;因要偿还债务、转业、歇业降价销售商品的行为。

7.搭售或附加不合理条件行为

搭售或者提出其他不合理的附加条件的行为是指经营者利用其他经济优势,违背购买者的意愿,在销售一种商品或者提供一种服务时,会要求购买者以买另一种商品或接受另一种服务为条件,或者根据商品的价格以及对象进行的不合理的限制。

8.诋毁竞争对手商业信誉、商品声誉的行为

经营者在经营的过程中对竞争对手的商业信誉、商品信誉等诋毁并散布虚伪事实的行为,损害他人的商业信誉、商品声誉,给他人造成的重大损失或者有其他情节严重的行为。诋毁商誉的行为主要有:

经营者在公开场合,对于竞争对手的产品,散发公开信、召开新闻发布会、在新闻媒体上进行各种形式刊登广告、散布、捏造虚

伪事实等,来贬低竞争对手的信誉和声誉;

经营者在宣传自己商品的过程中,运用虚假的广告或者对比广告,将自己的商品进行美化,来贬低竞争对手的商品声誉,提高自己企业或者商品的地位;

经营者在经营的过程中,向业务客户或者消费者编造、散布虚伪信息,损害竞争对手商业利益的行为;

直接在商品的包装说明或其他说明书上,对竞争对手的同类商品进行贬低。

(五)对不正当竞争行为的监督检查

我国《反不正当竞争法》规定,县级以上工商行政管理部门对不正当竞争行为进行监督检查。监督检查部门在监督检查不正当竞争行为时,有权行使下列职权。

按照相关的规定程序对经营者、利害关系人以及其证明人,提出要求或采取措施使其能够提供出相关的不正当竞争行为的资料或者其他的相关的资料。

查找出能够查询到的以及复制与不正当竞争行为有关的协议、账单、收据、文件,以及相关的记录、业务函电和其他资料。

检查发生不正当竞争行为的有关的财务,在必要的情况下,要严查商品的来源和数量,要求经营者或者销售者暂时停止销售,不得出现将财产转移、转出或者隐匿、销毁等行为。

在监督部门对其不正当竞争行为进行检查的过程中,被检查的经营者和销售者,以及证明人、利害关系人都应该及时提供相应的材料,告知其真实的情况,监督机关工作人员也应出示自己相应的检查证件,使检查者信服其检查的真实性。

二、反垄断法概述

(一)垄断的概念

垄断是在市场经营的过程中,为了能够占据市场的中心,而排挤其他的竞争对手,从而获取超额利润。所使用的是联合或者独立的方式,或者是有关的行政部门为了保护本地区或本部门的利益,滥用行政权力,使一些生产经营活动不能够进行,阻碍别人的发展,在一定程度和范围上妨碍了正常的市场竞争秩序,损害了他人或社会的利益。垄断分为经济性垄断和行政性垄断。

(二)垄断的特征

垄断具有以下法律特征。

垄断行为的实施主体是指市场竞争主体和相关的行政部门。

垄断的目的。竞争性的经济体垄断是为了获取超额利润,排除其他竞争对手;对于行政性垄断来说,则是为了保护本地区或者本部门的局部利益。

实施垄断的方式。对于经济性垄断来说是指市场竞争主体凭借其占据的市场优势地位,阻碍、限制或者支配他人的生产经营活动;对于行政性垄断而言,是指有关的行政部门滥用行政权力的行为。

垄断的结果必须是妨碍了正常的市场竞争,损害了他人或社会公共利益。

(三)反垄断法的概念

反垄断法就是反对垄断和保护竞争的法律制度。《中华人民共和国反垄断法》(以下简称《反垄断法》)由第十届全国人民代表大会常务委员会第二十九次会议于 2007 年 8 月 30 日通过,自 2008 年 8 月 1 日起开始实施。

(四)反垄断法的功能

反垄断法的功能主要是:防止和限制垄断行为的出现,保护市场公平竞争,提高经济运行效率,维护消费者利益和社会公共利益,促进社会主义市场经济健康发展。

(五)反垄断法的垄断行为和垄断主体

1.垄断行为

《反垄断法》中的垄断行为主要包括：

(1)中华人民共和国境内经济活动中的垄断行为；

(2)境外的垄断行为是为了对境内市场竞争进行限制、排除的；

(3)经营者擅自滥用知识产权进行的排除和限制竞争的行为。

2.垄断主体

《反垄断法》中的垄断主体主要包括：

(1)通过协议达成垄断的经营者；

(2)滥用市场支配地位的经营者；

(3)可能具有存在排除、限制竞争效果的、意欲集中经营的行为的经营者；

(4)滥用行政权力排除、限制竞争的行政机关或授权的组织。

(六)反垄断法的适用除外制度

反垄断法的适用除外制度是指在某些领域中的一些事项不适用反垄断法。具体是指在某些特定的行为领域中，法律会允许出现一定的垄断行为以及垄断的状态，虽然出现了某些限制竞争的特定协调或者联合行动或者单独行为，反垄断法也不追究其法律责任。

1.垄断协议方面

我国《反垄断法》第十五条规定：经营者能够证明所达成的协议属于下列情形之一的，不适用我国《反垄断法》第十三条、第十四条禁止的垄断协议规定。

为了研究新的技术、开发出新的产品,以不断提高产品的生产质量、降低标准、来增加效率的过程,使产品使用统一的规格、标准或者实行专业领域的划分;

提高中小型企业之间的竞争力;

以各种社会公益活动来实现保护环境、节能减排、节约资源、救灾救助等;

在经济不景气的发展环境下,为缓解销售量严重下降或者生产力过剩的情况;

为了在对外贸易的活动中能够正当地获取利益;

法律和国务院规定的其他情形。经营者在其所达成的协议中应当不会存在严重影响和限制市场竞争,并能够与消费者分享所产生的利益。

2.知识产权方面

经营者按照有关知识产权的法律法规,来规范知识产权的行为,不适用我国的反垄断法。

3.农产品生产等方面

农业生产者及农村经济组织在农产品生产、加工、销售、运输、储存等经营活动中实施的联合或者协同行为,不适用我国反垄断法。

三、垄断协议

垄断协议是指经营者在其经营过程中,与两个或者两个以上的其他组织之间所签订的排除、限制竞争的协议。垄断协议包括横向垄断协议和纵向垄断协议两种。

(一)反垄断法禁止的横向垄断协议

反垄断法禁止的横向垄断协议主要有:

对商品的价格进行固定或者定期进行调整；

商品在其生产的过程中，对其商品的生产数量以及销售数量进行限制；

对于原材料采购市场或者销售市场进行分割的行为；

限制对新技术的开发和对新产品的研发生产的行为，限制购买新的设备；

共同来抵制进行交易过程；

国务院反垄断执法机构认定的其他垄断协议。

(二)反垄断法禁止的纵向垄断协议

反垄断法所禁止的纵向垄断协议主要有：

向第三方转售商品时固定其价格；

在向第三方转售商品时使用最低价格限定；

国务院反垄断执法机构认定的其他垄断协议。

另外，协会中不得出现与本组织行业相同的经营者来从事反垄断法所禁止的垄断行为。

四、违反《反垄断法》的法律责任

(一)民事责任

经营者实施垄断行为给他人的财产造成损失的应当承担民事责任。主要包括：停止侵权、赔偿损失等。

(二)行政责任

经营者具有违反反垄断法的行为，从而达成并实施垄断协议的，由垄断执法机构责令其停止违法行为，没收其违法所得，并处上一年度销售额1%以上10%以下的罚款；尚未实施所达成的垄断协议的，可以处五十万元以下的罚款。经营者主动向垄断执法机构报告，并向有关的机构进行报告反映，提供重要证据者，反垄断法执行机构应当根据实际的发展情况对其经营者进行减轻或者免除处罚的行为。

在反垄断法的执法过程中,对企业或者个人违法行为的情节严重者,确定罚款数额时,应当考虑违法的性质以及违法情节的程度,以及违法时间持续长短等因素。

反垄断法执法机构在对企业或者个人依法实施调查的,个人或者企业不主动提供相关的资料信息者,或者提供的信息资料属于虚假、伪造,或者将其信息进行隐匿、销毁的行为者,由反垄断执法机构责令改正,对个人可以处两万元以下的罚款,对单位可以处二十万元以下的罚款;情节严重的,对个人处两万元以上十万元以下的罚款,对单位处二十万元以上一百万元以下的罚款。

(三)刑事责任

上述行政责任提供虚假信息等各种情况,情节严重者依法追究其刑事责任。

反垄断执法机构的工作人员滥用职权、玩忽职守、徇私舞弊或者在执法的过程中泄露商业机密,构成犯罪的,将依法对其进行刑事责任追究;对于不构成犯罪的行为,将依法给予行政处分。

五、案例分析

康师傅方便面现垄断口水战

针对白象方便面关于康师傅旗下"福满多"品牌低价倾销的指责,康师傅相关负责人表示,作为康师傅旗下的低端品牌,"福满多"生产1～1.5元的方便面,目前在全国的市场占有率约为12%。"目前在低端面领域,参与竞争的企业众多,但是品质方面则参差不齐。作为康师傅旗下的低端面品牌,福满多之所以将价格定在1～1.5元/包,就在于要确保低端市场的品质,避免消费者由于食用不安全和低质量的方便面,从而对整个方便面行业产生负面印象。"

按照中国现行的《反垄断法》，认定一家企业在行业内是否具有垄断地位，关键在于其是否取得"市场支配地位"。《反垄断法》规定，"一个经营者在相关市场的市场份额达到二分之一的"，就可以认定为"市场支配地位"。不过，《反垄断法》同时也规定，只有存在"滥用市场支配地位"的情形才应被打击。从康师傅占有54.6％这一销售份额来看，认定为"市场支配地位"应该没有问题，但问题的关键在于，康师傅是否是"没有正当理由，以低于成本价销售商品"，在这一方面，需要足够的证据支持，才能认定为垄断。

第三节　消费者权益保护法

一、消费者权益保护法概述

（一）消费者的概念

广义的消费者包括生产性消费者和生活性消费者。我国的消费者权益保护法中，消费者指的是生活性消费者，即在生活过程中购买商品、使用商品以及接受服务的个体社会成员。

农民在购买、使用直接用于农业生产的生产资料时，参照消费者权益保护法执行。

（二）消费者权益保护法

消费者权益保护法是指调整以及保护消费者在消费过程中所产生的权益保护的社会关系的法律法规的总称。

《中华人民共和国消费者权益保护法》（以下简称《消费者权益保护法》）由第八届全国人民代表大会常务委员会第四次会议于1993年10月31日通过，自1994年1月1日起施行。2009年

8 月 27 日第十一届全国人民代表大会常务委员会第十次会议《关于修改部分法律的规定》进行第一次修正。2013 年 10 月 25 日十二届全国人大常委会第五次会议《关于修改的决定》第 2 次修正，自 2014 年 3 月 15 日起施行。

二、消费者的权利

消费者的权利是指《消费者权益保护法》中规定的消费者在消费过程中应该享有的权利，主要包括以下几方面。

（一）安全权

安全权是消费者的第一权利。消费者在购买商品的过程中有必要对其购买的商品、使用的商品和接受的服务中享受到不伤害人身财产安全的权利。消费者有权要求经营者提供的商品和服务，必须符合保障人身财产安全。

（二）知情权

消费者在购买商品的过程中，有权利对其购买的商品所包含的成分进行了解。消费者可以通过经营者来了解商品的产地、生产者、用途、性能、价格、主要成分、规格等，是否符合自己的要求，以及是否符合规范。

（三）自主选择权

消费者在购买商品或者接受服务的过程中，有权利对其商品进行挑选，自主选择所提供商品或者服务的经营商，自主选择商品的品种和商品的服务方式，来决定自己是否需要购买此商品，是否会接受此项服务。在购买商品的过程中，消费者可以自主地进行挑选、甄别来实现自己的选择权。

（四）公平交易权

消费者享有公平交易的权利。消费者在购买商品的过程中，有权对商品的价格、质量方面做出合理地计算以及判断,来获取公平的交易条件,有权拒绝经营者所进行的强制交易行为。

(五)获得赔偿权

消费者在使用商品的过程中受到人身、财产损害的,可依照法律条例获得赔偿的权利。

(六)结社权

消费者在依法行使自身权利的过程中可以成立维护自身合法权益的社会团体,这是《宪法》赋予公民的权利。通过结社的方式,消费者可以得到组织的保护以及能够保障自己权利的行使。

(七)获得知识权

消费者有获取相关消费和消费权益保护方面知识的权利。消费者应该了解和掌握所需商品或者服务知识,明白商品的使用方法,提高自我保护意识。

(八)人格权

人格权是公民所享有的一项基本权利。消费者在其购买商品的过程中,享有相应的人格尊严、民族风俗习惯等得到尊重的权利,对于个人的信息有依法保护的能力。

《消费者权益保护法》中的人格权包括两个方面:一是人格尊严权,消费者享有独立的人格权利,其身体和精神都不受非法侵犯。经营者不得对消费者进行侮辱、诽谤、非法搜身等。二是民族风俗习惯权。不同民族消费者的风俗习惯、禁忌、礼节等不受非法侵犯。

三、经营者的义务

（一）依法定或约定履行的义务

经营者向消费者提供商品或者服务，应当依照《消费者权益保护法》和其他有关法律、法规的规定履行义务。

经营者和消费者履行约定的义务，不得违背相关法律法规的强制性规定。

经营者在向消费者提供商品或者服务的过程中，应当坚持诚信经营的理念，不损害消费者的合法权益；不得提出不公平、不合理的交易条件，强制消费者购买。

（二）听取意见和接受监督的义务

经营者在经营的过程中应当适时对消费者所提出的意见以及建议进行改正，接受消费者的监督。

（三）保障安全的义务

经营者或者销售者应当告知消费者其商品或服务是否存在可能会危及人身及财产安全的危险，如果存在这样的危险应对其做出说明或者中文警告标示，将其正确的使用方法告知消费者，防止危险的发生。在宾馆、商场、餐馆、银行、机场、车站、港口、影剧院等经营场所的经营者，应当对消费者的安全尽到保障的义务。

当经营者或者销售者发现其使用的商品存在问题或者缺陷，有存在危害人身安全、财产安全的可能性发生，应当及时向有关部门进行反映和告知消费者，对此商品采取停止销售、警示、立即召回、无害化处理、销毁以及停止生产商品等有效措施。采取此项措施后，经营者应当承担消费者在其购买过程中因被召回商品所支出的费用以及消费者的损失。

（四）提供真实信息的义务

经营者在向消费者提供相关商品信息的过程中，必须将商品的各项功能、用途以及使用方法和有效期限等信息真实地传达给消费者，不得进行虚假宣传。

经营者对于消费者就其所购买的商品和服务提出疑问时，经营者应该对其提问做出真实、准确的回答。

经营者对于商品或者服务应该明码标价。

经营者租赁他人柜台或者场地经营的时候，应当标明其真实名称以及做出标记。

（五）出具凭证和单据的义务

消费者在购买商品的过程中需要经营者按照国家的相关法规规定提供有效的购货凭证或者服务单据，经营者必须出具。

（六）保证质量的义务

经营者在将商品出售给消费者时，应当保证其商品在使用过程中质量、性能、用途和有效期限等方面不会存在问题，消费者也应该在购买前期就了解该商品是否存在瑕疵。且该瑕疵的出现是在不违反法律强制性规定的情况下除外。

经营者在经营商品的过程中，对商品进行通过广告、产品说明、实物样品或者其他方式表明商品或者服务质量的状况时，应当保证其提供的商品或服务与此相符。

经营者提供的机动车、计算机、电视机、电冰箱、空调器、洗衣机等耐用商品或者进行装饰装修等服务，消费者在接受商品或者服务之日起 6 个月内发现存在瑕疵的，发生争议的，由经营者承担有关瑕疵的举证责任。

（七）承担"三包"义务

经营者提供的商品或者服务不符合质量要求的，消费者可以依照国家的相关规定、当事人约定退货，或者要求经营者履行更换、修理的义务。没有国家规定或者当事人约定的，消费者可以在收到货物七天内进行退货；七日后符合法定解除合同条件的，消费者可以及时退货，不符合法定解除合同条件的，可以要求经营者履行更换、修理等义务。依照此规定可以进行退货、更换或者修理等，经营者在此过程中应当承担运输等必要费用。

经营者采用网络、电视、电话、邮购等方式销售商品，消费者有权自收到商品之日起七日内退货，且无须说明理由，但下列商品除外：

消费者定做的产品；新鲜活的容易腐烂的；在线下载或者消费者拆封的音像制品、计算机软件等数字化商品；交付的报纸、期刊。除前款所列商品外，其他根据商品性质并经过消费者同意在购买过程中确认其为不可退货的商品，不适用无理由退货。

消费者退货的商品应当保持商品的完好。经营者在收到退回商品后的七日内将支付商品的价款返还给消费者。退回商品的运费由消费者承担；经营者和消费者另有约定的，按照约定处理。

(八)公平交易的义务

经营者在经营活动过程中使用格式条款的，应当以显著的方式来提醒消费者在购买商品或者接受服务时，注意其数量和质量、价款或者费用、履行期限和方式以及安全注意事项和风险警示、售后服务、民事责任等与消费者有重大利害关系的内容，并按照消费者的要求做出说明。经营者不得以格式条款、通知、声明、店堂告示等方式，做出限制消费者的权利、减轻或者免除经营者的责任、加重消费者责任等诸多对消费者不公平、不合理的规定，不得利用格式条款并借助技术手段强制交易。格式合同、通知、声明、店堂告示等含有上述所列内容的，其内容无效。

四、消费者组织和消费争议的解决

(一)消费者组织

消费者协会和其他消费者组织是依法成立的对商品和服务进行的、能够保护消费者合法权益的社会监督组织。消费者协会履行的公益性职责有：

向消费者提供消费信息和咨询服务，来提高消费者自身合法权益的能力，正确引导文明、健康、节约资源和环境保护的消费方式；

参与制定有关消费者权益的法律、法规、规章和强制性标准；

参与有关行政部门对商品和服务的监督、检查；

就有关消费者合法权益的问题，向有关部门反映、查询，提出建议和意见；

受理消费者的投诉，并对投诉事项进行调查、调解；

投诉事项涉及商品和服务质量问题的，可以委托具有相应资格的鉴定人对其进行鉴定，鉴定人应当告知鉴定意见；

就损害消费者合法权益的行为，支持受损害的消费者提起诉讼或者依照本法提起诉讼；

对损害消费者合法权益的行为，可以通过大众传播媒介对其进行揭露、批评。

各级人民政府对消费者协会所履行的职责应当给予必要的经费支持等。

消费者协会应当认真履行保护消费者合法权益的职责，听取消费者的建议和意见，同时接受社会的监督。依法成立的其他消费者组织依照法律、法规及其章程的规定，开展保护消费者合法权益的活动。

消费者协会组织不得有从事或者经营商品服务的行为，不得以收取费用或者其他牟取利益的方式向消费者推荐商品或者服务。

(二)消费争议的解决

1.消费争议解决的途径

消费者和经营者发生权益争议的,可以通过下列途径解决:

(1)与经营者协商和解;

(2)请求消费者协会或者依法成立的其他调解组织调解;

(3)向有关行政部门投诉;

(4)根据与经营者达成的仲裁协议提请仲裁机构仲裁;

(5)向人民法院提起诉讼。

2.赔偿责任主体

为了使消费者的权益受到侵害后,能够有效地行使自己的索赔权,法律针对不同的具体情况,规定了以下主体。

(1)消费者在购买以及使用商品的过程中,其享有的合法权益受到侵害时,可以向销售者要求赔偿。销售者对消费者进行赔偿后,属于生产者的责任或者属于向销售者提供商品的其他销售者的责任,销售者有权向生产者或者其他销售者追偿。

(2)消费者或者其他的受害人在使用商品过程中,因商品存在缺陷而造成人身、财产损害的,可以向销售者要求赔偿,也可以向生产者要求赔偿。属于生产者责任的,销售者赔偿后,有权向生产者进行追偿。属于销售者责任的,生产者赔偿后,有权向销售者追偿。

(3)消费者在接受服务时,其合法权益受到损害的,可以向服务者要求赔偿。

(4)消费者在购买、使用商品或者接受服务时,其自身的合法权益受到损失的,又因原来的企业分立、合并的原因,可以向变更后承担权利义务的企业要求赔偿。

(5)经营者在经营过程中,使用他人的营业执照进行的违法经营,并向消费者提供商品或者服务,损害了消费者的合法权益,消费者可以向其要求赔偿,也可以向营业执照的持有人要求赔偿。

(6)消费者在展销会、租赁柜台购买商品或者接受服务的,其合法权益受到损害的,可以向销售者或者服务者要求赔偿。展销会结束或者其租赁柜台的期限届满之后,也可以向展销会的举办者、柜台的出租者要求赔偿。展销会的举办者、柜台的出租者赔偿后,有权向销售者或者服务者追偿。

(7)消费者通过网络交易平台购买商品或者接受服务的过程中,其合法权益受到损害的,可以向销售者或者服务者要求赔偿。对于网络交易平台在其交易过程中,对于销售者或者服务者的真实名称、地址或者有效的联系方式不能够提供的,消费者也可以向网络交易平台提供者要求赔偿;网络交易平台提供者做出更有利于消费者的承诺,应当履行承诺。网络交易平台提供者赔偿后,有权向销售者或者服务者追偿。

网络交易平台提供者明知或者应知销售者或者服务者利用其平台侵害消费者合法权益,未采取必要措施的,依法应当与该销售者或者服务者承担连带责任。

(8)消费者因经营者利用虚假广告或者其他虚假宣传方式提供商品或者服务,其合法权益受到损害的,可以向经营者要求赔偿。广告经营者、发布者发布虚假广告的,消费者可以请求行政主管部门予以惩处。广告经营者、发布者不能提供经营者的真实名称、地址和有效联系方式的,应当承担赔偿责任。

广告的经营者、发布者设计、制作、发布关系消费者生命健康的商品或者服务的虚假广告,从而造成消费者身体安全损害的,应当与提供该商品或者服务的经营者承担连带责任。

社会团体或者其他组织、个人在关系消费者生命健康安全的商品或者服务上,对其进行虚假宣传的广告,向消费者进行推荐商品或者服务的,从而造成了消费者受到损害的,应当与提供该商品或者服务的经营者承担连带责任。

消费者向有关行政部门投诉的,该部门应当自收到投诉之日起七个工作日内,对其予以处理并告知消费者。

经营者提供商品或者服务有欺诈行为的,应当按照消费者的要求增加赔偿其受到的损失,增加赔偿的金额为消费者购买商品的价款或者接受服务的费用的三倍;增加赔偿的金额不足五百元的,为五百元。法律另有规定的,依照其规定。

经营者明知商品或者服务存在缺陷,仍然向消费者提供,造成消费者或者其他受害人死亡或者健康严重损害的,受害人有权要求经营者依照本法第四十九条、第五十一条等法律规定赔偿损失,并有权要求所受损失两倍以下的惩罚性赔偿。

五、案例分析

某日,严某叫了几个自己要好的朋友一起到某家新开的火锅店涮火锅。大家吃得热火朝天,突然,严某捂住脖子,"哎呦,哎呦"叫起来。原来,严某在涮火锅时,吃下混在食物中的异物,异物卡在喉咙处,痛苦不堪。同行的朋友赶紧将严某送到医院,进行检查。医生从严某下咽部取出近 2 厘米的钢丝。为此,严某花了 31 元钱医疗费。第二天,严某找到工商部门,要求与火锅店进行调解。工商部门组织火锅店老板和严先生调解。严某出示了相应的发票及从其下咽部取出的钢丝。火锅店老板则承认严某在该店就餐,并受到伤害。在工商部门工作人员的调解下,双方达成协议:火锅店老板向严某赔礼道歉,报销 31 元医疗费,免去当晚就餐费 39 元,并且火锅店老板向严某赔偿 500 元精神损失费。

分析:根据《消费者权益保护法》第十八条规定:"经营者应当保证其提供的商品或者服务符合保障人身、财产安全的要求。对可能危及人身、财产安全的商品和服务,应当向消费者做出真实的说明和明确的警示,并说明和标明正确使用商品或者接受服务的方法以及防止危害发生的方法。经营者发现其提供的商品或者服务存在严重缺陷,即使正确使用商品或者接受服务仍然可能对人身、财产安全造成危害的,应当立即向有关行政部门报告和告知消费者,并采取防止危害发生的措施。"

第四节 价格法

一、价格概述

价格反映了商品的价值,通常用货币表示。商品价格的出现是为了能够体现经营者和消费者之间的一种经济关系,价格信号的正常是市场得以正常健康运行的基本条件。关于狭义方面的价格只是对商品价格和经营服务之间对应的一种标准,作为收费的标准;广义的价格,除了上述之外,还有各种生产要素的价格,如劳动力价格、资金价格——利率、汇率等。

我国的价格法所指的就是狭义方面的价格。与价格相关联的概念是价格的构成。构成商品价格的各种要素和组成情况,是价格的结构组成。具体的价格结构所包含的是生产商品和提供服务时社会的平均成本、利润、税金以及正常的流通费用等。

价格调整经济的宏观方面,能够在经济的调节中起到积极作用,是每个国家都倚重的。价格改革在我国的总体改革地位中占据重要位置,价格体制的变革涉及整个社会发展稳定,能够影响人们的切身利益。

目前,随着价格改革的深入,除我国的少数领域不适用在市场竞争过程中形成商品价格或者服务价格的项目,实行的是政府指导的价格或者由政府制定外,绝大多数的商品或者服务的价格还是根据市场的变化,由经营者进行制定。

二、价格法概述

(一)价格法的概念

价格法是指国家为调整与价格的制定及形成、监督有关的经济关系,而制定出来的相关法律规范的总和。

1998 年 5 月 1 日施行的《中华人民共和国价格法》是一部调整我国价格关系的重要法律。价格法所调整的价格关系,具体包括:

各级价格的主管部门以及相关的其他部门内部价格制定与管理等权限划分关系;

相关的主管部门以及其他相关的部门和经营者在确定其商品价格的时候,从中调整商品价格与非商品价格之间的关系;

价格的主管部门和其他部门之间在价格监管方面与经营者的关系;

经营者相互之间以及他们与消费者之间因提供商品或服务而发生的价格关系。

(二)价格法的地位

价格法是经济法的重要组成部分,但对价格法是属于宏观调控法还是属于市场监管法,目前尚未有统一的认识。一方面,经营者在价格方面的行为属于市场的重要行为,对价格行为进行规范,是市场监督法所应有的任务,在经营过程中,反不正当竞争法、反垄断法、消费者权益保护法都对价格行为有规制,因此,价格法不能避免地带有市场监管法的色彩。另一方面,价格法是重要的调控手段之一,价格问题是关乎整个国民经济的大问题,国家制定价格法的目的是为了宏观地调控市场经济,稳定市场的物价变化,因此,价格法也与其他的相关法律、财政法等一样,都是属于宏观调控法的组成部分。

由上述分析可以得出,价格法是具有双重属性的,但是价格法对于在宏观调控经济上面的关注更加明显,为了能够实现物价的稳定目标,对经营者的价格行为进行规范。正因为如此,价格法的宏观调控法属性更明显,将其纳入宏观调控法体系基本合理。

(三)价格法的作用

价格法是在经济运行的过程中,通过运用国家的相关法律手段进行价格管理,规范价格行为,来充分地发挥价格合理配置资源的作用,用以稳定市场的物价水平,实现保护消费者和经营者之间的合法权益,进而促进市场经济体制的全面健康发展。

1.价格法有利于规范市场主体的价格行为,维护价格秩序

由于现在很多的商品价格都是由企业自主制定的,所以就需要通过国家的价格规制行为来影响价格主体的多元化行为。价格法明确规定了各价格主体之间的相互权利义务,并明令禁止出现各种不正当的价格行为,使得价格在形成方式上更加合理。

2.规范公平竞争环境,优化价格形成机制

价格在资源配置方面,对市场经济的发展起着重要作用。为了能够使价格在市场供求和资源的稀缺问题上呈现出更好的配置,需要塑造一个能够使价格运行平稳合理的市场。价格法从一定程度上规范了市场上所出现的不正当行为,为价格作用的实现提供了良好的发展环境。

3.保护经营者和消费者正当权益,协调生产和消费的关系

市场经济运行需要市场主体能够运用正当的法律手段来维护其合法的权益,企业才能在此基础上建立一个具有活力的经营体制。同时,对于价格的制定问题,是与广大消费者的切身利益紧密相关的。价格法通过限制或者禁止非法价格行为的出现,保护经营者和消费者的合法权益,协调了市场的有序发展,国民经济得以健康运行。

4.加强和改善宏观经济调控,稳定市场价格总水平

市场机制虽然在一定程度上刺激了经营者在利益驱动下带

动的活力,同时具有灵活性,但是其所具有的自发性、盲目性以及滞后性是整体运行不稳定的一方面。为此,需要加强和改善宏观调控能力,保持总供给和总需求的基本平衡,避免引起通货膨胀或者经济过热的局面出现。价格法明确规范了政府的价格行为,明确了宏观调控的模式和手段,为国民经济健康运行以及稳定发展创造了条件。

三、政府定价的程序

政府定价应适应市场经济的一般规则,依据一定的程序。这些程序和步骤是:

第一,调查。政府在制定价格时,首先应当对商品的成本方面进行调查,在经营者方面、消费者方面共同收集资料和意见。有关的机关单位应当如实地反映调查意见。

第二,听证。制定出使人民群众能够接受以及符合人民群众利益的价格。事业价格、公益性价格,自然垄断经营商品的价格要通过政府进行定价、指导,必要时要召开听证会,由政府的价格主管部门来主持征求消费者、经营者和有关方面的意见,制定出符合各方利益切实实际的价格。

上述规定实际上也规定了听证会的范围。有些政府定价不一定履行此程序,不一定都开听证会。

第三,公布。政府定价、政府指导价制定后,制定部门应向消费者、经营者公布。

第四,调整。政府指导价、政府定价的具体适用范围、价格水平,都应根据经济运行情况,按照定价权限和程序适时调整。消费者、经营者也可对此提出调整建议。

四、案例分析

案例一:重庆市物价局叫停火锅集体加收锅底费

《重庆晨报》刊登了巴南区李家沱十多家火锅店贴出告示统

一收取10元锅底费的报道。重庆市物价局检查分局立即派人进行调查。经查,媒体反映情况基本属实,李家沱地区几家较大的火锅店准备于8月16日开始同时收取每锅10元的锅底费,具有串通合谋涨价的嫌疑。对此,执法人员向火锅经营者宣传了《价格法》《制止价格垄断行为暂行规定》等价格法律法规,告诫必须立即停止涉嫌串通涨价的行为。在执法人员的监督下,各火锅店当场撤除了加收锅底费的告示,并表示今后不再出现协议统一涨价等类似行为。

案例二:某超市虚构家电原价的违法案

2006年上半年,区物价局对一家超市销售家电的明码标价情况进行检查。抽查的11种使用降价标价签的家用电器,其中4种家用电器降价标价签上标示的原价,在该交易场没有成交的交易记录;7种家用电器降价标价签上标示的原价,在该交易场所没有成交过,该超市不能提供原价成交的交易记录和交易票据。如TLM2677型的海信电视机,降价标价签上标示的原价为7999元/台,现价为6988元/台,标示的该原价,在该超市没有成交的交易记录。该行为属"虚构原价"的价格欺诈行为。区物价局通过立案、调查、取证等程序,依法对该超市实施了行政处罚。

第七章　财政法的理论与案例分析

对于国民收入分配来说,国家财政处于其核心地位,国民收入分配和其他方面的分配都会受到国家财政直接或间接的制约,由此看来,在宏观调控体系中,财政调控机制有着举足轻重的地位。对国家财政政策进行相关贯彻、对国民收入分配进行调控的主要法律手段就是财政法,财政法是进行宏观调控的基本制度之一。

改革开放以来,我国相继出台预算法、税法和国有资产管理法等一批财政法律与行政法规,使我国相关的重要财政活动实现了有法可依。

第一节　财政与财政法概述

一、财政的一般原理

(一)财政的基本概念

所谓的财政,是指国家为了使其职能需要得到满足,无偿地参与针对部分社会产品的收支与分配的活动。对财政概念的把握需要做到以下几点。

1.财政是以国家为主体,凭借政治权力参与的分配活动

财政是国家参与社会产品分配和再分配采用的一种手段,随着国家的产生而相应地产生。需要说明一点的是,国家在参与这种分配的过程中,凭借的是具有强制力的政治权力。

在国家广泛参与经济的时代,国家也可能通过一些相关的投资、借贷、生产等对利润、利息、产品等进行取得。从广义上说,国家参与的生产、流通和分配,也属于财政的范畴,但国家的经济活动和各种财产权归根到底来说,仍是建立在权力及与国家相联系的民主法治基础上的。

2.财政分配的对象是社会产品,主要是剩余产品

财政活动实际上就是把个人、企业或其他组织的部分社会产品转移到了国家手中,由国家进行消费或再分配。为了能让社会生产顺利地进行,只能以剩余产品为主作为财政的分配对象。

在前社会化时代,财政主要是单向的,财产从社会向国家进行转移;而今天,随着对国家的社会经济调控职能的确立和不断地深化,由财政将财产从国家向社会的转移也变得日益重要和普遍,如财政补贴、国家参与社会保障等。

3.财政的目的是满足国家职能的需要

国家的存续与职能的发挥,需要有一定的基础,就是资源。而国家要想获得相应的资源,需要通过财政的相关方式,这时,财政的存在就有了特别的意义,主要就是为国家的存续和职能的发挥提供一定的资源。现代社会中,满足社会公共利益的需要是国家的一项主要职能。

财政的本质,包括国家财政说和公共财政说。

(1)国家财政说认为,使国家统治及其职能需要得到相应的满足,是财政的基本目的,同时也是国家统治所需要使用到的相关工具。国家财政是政府的理财之政,指国家为了维持其存在和

实现其社会管理职能,凭借政权的力量参与国民收入分配的活动。它既是国家为了满足社会公共需要而对社会产品所进行的一种社会集中性分配行为,同时它本身也是一种社会宏观的公共管理活动。

(2)公共财政说认为,使社会公共利益的需要得到相应的满足,是财政的基本目的,也是使公共欲望得以满足的一种手段。公共财政,是指国家(政府)集中一部分社会资源,用于为市场提供公共物品和服务,满足社会公共需要的分配活动或经济行为。它是适应市场经济发展客观要求的一种比较普遍的财政模式。这种以满足社会公共需要为口径界定财政职能范围,并以此构建政府的财政收支体系的财政模式,在理论上被称为"公共财政"。公共财政就是市场经济下政府的财政,公共财政实质是市场经济财政。

(二)财政的基本特征

财政的基本特征,是财政现象与其他社会现象的不同之处,是财政本质的一种表现。财政的基本特征有以下几点。

1.国家主体性

对于财政活动来说,必须有主体,那就是国家或政府。只有国家参与的对社会产品的分配活动才能称为财政活动;如果是其他主体参与分配活动,都不能算是财政活动,或者说不是国家的公共财政。

有些学者把一些公共团体也作为财政活动的主体,具体原因是它们的活动在目的和职能上与国家的财政活动有类似之处。但是严格来说,它们要么是在依法执行国家的部分职能,要么与政权机制、国家的运作和权力无关,所以就算是具有某种公共性,也只能说是非国家的"财政"或私的"财政"。

2.强制性

财政活动的强制性,与国家主体性有着密切的关联,凭借一定的政权力量,在不是通过生产经营、服务或交换取得收入的情况下,取得相关的财政收入。对于国家财政的这种强制性,是通过相应法律来体现和保障的。

3.无偿性和非营利性

国家在凭借一定的政权强制力取得财政收入时,是无须做出对有关人员给予直接补偿或返还的行为的。关于财政的这种无偿性,与国家主体性以及财政活动的本质与职能相关联。在国家行为直接参与经济活动的情况下,比如投资于企业、购买商品或其他财产来取得收入时,也具有某种有偿性。在此时,国家不再是纯粹的财政主体,同时还兼有市场主体的性质,所以在相关的学术研究和教学中,国有企业、政府采购、国有土地有偿出让等并不会被纳入财政范畴。

财政活动是一种非营利的活动,它不以营利作为最高目的,即使是直接参与经济活动,但归根结底,国家的财政收支活动主要是为了提供公共服务。

(三)财政的基本职能

财政所担负的任务和职责是财政的基本职能,当然也是人们赋予财政的一种价值追求,还是财政在现实社会中能够实际发挥的一个作用。

对于财政的职能来说,不同的历史时期、不同的经济形态和经济体制下,其也是有所不同的。自然经济条件下的财政,使国家机器自身需要得到满足是其主要职能,同时兼有满足国防和其他公共需求的职能;自由市场经济条件下的财政,满足"夜警国家"运转所需的资源是其主要职能;垄断资本主义时期的财政,增加了配置资源、分配收入和稳定经济的职能;计划经济体制下的财政,又相应地增加了生产投资、调节经济和经济监督的职能。

而在我国现行社会主义市场经济体制下,除了满足政权运转需要这个国家财政的共同职能外,财政还具有以下基本职能。

1. 分配收入

市场承担着重要的使命,它既是资源配置的主体,也是社会产品初次分配的主体。市场进行相关分配的时候,由于市场是以市场主体之间的竞争和优胜劣汰作为基础建立的,很容易出现社会分配不公的现象,这样一来,就会使得社会公平的价值难以实现。而有了国家对社会产品进行再分配,这种情况就会有所改变,能够进一步实现在市场经济下保证基本的社会分配公平。

2. 配置资源

通过采用市场因素来对资源进行合理的配置,虽然有着及时、合理、高效的优越性,但是有时候市场也会出现失灵现象。那么出现这种情况的时候,就特别需要国家这只看得见的手来对资源进行配置,更好地对于市场的缺陷进行相应的弥补,使资源配置达到一个最佳的状态。

3. 稳定经济

市场经济具有经济周期性,循环、波浪式是其发展过程中出现的鲜明特点。一般来说,经济周期相对稳定时情况比较好,如果起伏太大,或经济发展不平衡超出了正常范围,就会造成一定的损失,导致经济秩序出现紊乱,严重的话甚至会导致整个经济出现大的动荡。

因此,国家采取适当的财政手段来对经济动荡进行调整是十分有必要的。通过采取反经济周期的相关政策,能够使经济周期和经济波动对社会经济发展的危害得到相应的缓解,促使经济在相对稳定中更快、更好地发展。

二、财政法的概念与地位

(一)财政法的概念

所谓的财政法,实际上就是针对财政关系进行调整的一类法律规范。而财政关系,则是在国家财政活动的相关主体间形成的一种社会关系,这些社会关系主要有财政收支划分关系、财政收支关系、财政管理关系和财政监督关系。

(二)财政法的地位

所谓的财政法的地位,顾名思义,就是指财政法在法律体系中所处的位置,以及它在整个法律体系中所起到的作用如何。

在学术上,有关财政法在法律体系中的位置存在着一些争议。有学者认为,财政法是与经济法、行政法等相并列的第二层次的部门法[①];有的认为财政法与行政法和经济法具有从属关系,是与金融法、环境法等相并列的第三层次的部门法[②];还有的认为财政法是经济法的重要部门法,属于经济法中的宏观调控法。[③]

根据上述内容,可以得知财政在我国也像在其他国家一样,与宪政和国家行政之间的关系密不可分,但是由于在社会主义市场经济条件下,它的经济主导作用及公共经济管理功能显得非常突出,因此属于经济法,在经济法中具有"龙头"的地位。

三、财政法的基本原则

财政法的基本原则是贯穿于财政法制和财政活动的基本准则,是财政法指导思想的具体化。我国财政法应该遵循以下基本原则。

(一)公平原则

财政活动的重要领域是市场的规律、机制。力所不及和失灵的领域,要想在这些领域中出现公平,是离不开看得见的手来进一步实现的。所以,对于财政活动和财政法来说,必须去遵循的

---

① 蔺翠牌.中国财政法学研究[M].北京:中国财政经济出版社,1993,第61页.
② 罗玉珍.财政法教程[M].北京:法律出版社,1986,第24~25页.
③ 张守文.经济法学[M].北京:北京大学出版社,2008,第144页.

一项首要原则就是公平原则。

（1）公平原则包括纵向公平和横向公平。所谓纵向公平，就是指拥有不同的社会地位和经济实力的主体之间，存在一定的差异平等，即不同情况、不同对待。而横向公平，则指有着相同的社会地位和经济实力的主体之间，不存在差异的平等，即相同情况、相同对待。

（2）公平原则还包括形式公平与实质公平。对形式公平的理解，也可以说是机会公平，就是对于任何一个合格的主体而言，有着均等获得资源的机会。而所谓的实质公平，也可称作结果公平，就是对于任何一个社会主体，无论在能力和努力程度上有多大的差异，最终结果应该是一定限度内的均等。

实际操作中，财政活动和财政法需要对纵向公平和横向公平、形式公平与实质公平有所兼顾。

（二）效益原则

由于财政活动属于一种经济活动，就应该对效益有所顾及，由此说来，效益原则也是财政活动和财政法应当遵循的。

经济效益和社会效益共属于效益原则。经济效益，是指财政法律规范要有利于实现社会经济的有效运行，实现财政活动经济效益的最大化。社会效益，是指财政法律规范要有利于实现社会的公平、正义等基本价值，以及维护社会的安定和发展，实现财政活动社会效益的最大化。

经济效益和社会效益从一定程度上说，两者不可分割，缺一不可。要想实现社会效益，必须使经济效益得到充分地实现，如果实现不了社会效益，经济效益也很难充分达到。据此看来，二者形成了相互补充、互为前提的关系。只要是其中任何一个目标缺少，最终两个目标都无法实现。所以，二者必须得到相应的统一，不可有所偏颇。

（三）平衡原则

财政活动包括两个阶段，分别是财政收入和财政支出活动。

就财政收入和财政支出的关系进行正确的处理，对于实现财政的职能以及国家整体经济的稳定与发展有着十分重要的作用。平衡原则，实际上就是对财政收入和财政支出关系进行相关处理的原则。

在平衡原则下有两个具体原则。

（1）量入为出，是指根据既定的财政收入来对财政支出进行适当的安排。

（2）量出为入，是指根据财政支出的需求量来对财政收入的规模加以确定。

在实际生活中，可以视情况而定，去选择具体适用哪个原则。一般来讲，在预算阶段，需要量出为入，而在财政支出阶段，则要量入为出。

（四）法治原则

财政活动，可以说是涉及了经济社会发展和国家、人民根本利益的活动，对于现代国家而言，一切重要的行为和社会关系都要纳入法治的范围之内，包括财政活动。

财政法治原则的基本要求，包括以下两方面的内容。

（1）针对财政活动的法律规范，必须是符合社会发展规律、符合经济发展现实的法律规范。

（2）财政法制运转过程和财政活动过程都要依法进行，接受包括宪政监督和公众自发评议、监督在内的法治监督。

四、财政法的体系

财政法的体系，从根本上说是由财政法调整对象的体系所决定的。财政关系是财政法调整的对象，财政关系是在国家的财政活动中所发生的各种关系。

结合各国法制实践，财政法的体系包括以下几部分。

（一）财政收支划分法

财政收支划分法，对中央与地方、地方各级国家机关之间在财政收支划分的过程中所形成的社会关系进行适当的调整。

财政收支划分法主要针对中央与地方各级政权机关之间在财政收支过程中的职权和职责做出划分，为各主体分别行使财政收支管理权奠定基础。

（二）财政转移支付法

财政转移支付法，针对中央与地方各级国家机关之间在财政转移支付过程中所形成的社会关系进行适当的调整。财政转移支付法是规范财政转移支付行为的法，目的是为了能够对财政转移支付的标准与程序，以及在财政转移支付中各相关主体的权利义务和法律责任等进行规范。

（三）预算法

预算法，针对财政预算过程中各方主体间形成的社会关系进行调整，对整个财政收支活动意义重大，有着指导、规范和约束的作用。财政预算、决算的编制、审批、监督，以及预算的执行和调整等是预算法所针对的主要对象。

（四）财政融资法

财政融资法，针对财政融资过程中所发生的社会关系进行适当的调整。财政融资是财政收入的一种形式，财政融资法所规范的主要对象主要包括财政融资的形式及管理、国债（包括地方债）的发行、流通及偿还等相关内容。

（五）财政资金管理法

财政资金管理法，针对财政资金管理过程中各相关主体间形成的社会关系进行适当的调整。在财政收入和财政支出中，财政资金管理属于它们的中间环节,对财政收支有着重要的影响。

财政资金管理法主要是针对国库的法律地位和管理体制的法律制度进行相关的规定、对国库账户制度进行规定以及对财政资金的入库管理制度和财政资金的出库管理制度进行规定等。

(六)财政监督法

财政监督法,是对在财政活动的监督过程中各相关主体间所发生的社会关系进行调整的法律规范的总称。要实现财政活动的合法性、财政的相关职能,必须有一个前提,就是完善和充分发挥财政监督制度的作用。在财政制度中,财政监督制度属于具有保障作用的制度。财政监督法主要由会计监督法律制度、审计监督法律制度和权力机关监督法律制度等构成。

案例

财政部通报 5 起骗取新能源汽车财政补贴典型案例

案例简介:

1. 苏州吉姆西客车制造有限公司通过编造虚假材料采购、车辆生产销售等原始凭证和记录,上传虚假合格证,违规办理机动车行驶证的方式,虚构新能源汽车生产销售业务,虚假申报 2015 年销售新能源汽车 1131 辆,涉及中央财政补助资金 26156 万元。

2. 金龙联合汽车工业(苏州)有限公司申报 2015 年度中央财政补助资金的新能源汽车中,有 1683 辆车截至 2015 年底仍未完工,但在 2015 年提前办理了机动车行驶证,多申报中央财政补助资金 51921 万元。

3. 深圳市五洲龙汽车有限公司申报 2015 年度中央财政补助资金的新能源汽车中,有 154 辆车截至 2015 年底仍未完工,但在 2015 年提前办理了机动车行驶证,多申报中央财政补助资金 5574 万元。

4. 奇瑞万达贵州客车股份有限公司申报 2015 年度中央财政补助资金的新能源汽车中,有 327 辆车截至 2015 年底仍未完工,但在 2015 年提前办理了机动车行驶证,多申报中央财政补助资金 9810 万元。

5. 河南少林客车股份有限公司申报 2015 年度中央财政补助资金的新能源汽车中,有 252 辆车截至 2015 年底仍未完工,但在 2015 年提前办理了机动车行驶证,多申报中央财政补助资金 7560 万元。

案例分析:

财政部表示,对上述 5 个典型案例的处理结果是:对恶意骗补情节最严重的苏州吉姆西客车制造有限公司,取消其中央财政补贴资格,2015 年生产的全部车辆中央财政不予补助,追回 2015 年度预拨的全部中央财政补助资金,同时,由工业和信息化部取消其整车生产资质。对于其他 4 家企业,追回 2015 年度 2416 辆违规上牌车辆获取的中央财政补助预拨资金,并依据《财政违法行为处罚处分条例》有关规定,按问题金额 50％处以罚款。同时,自 2016 年起取消上述 4 家企业中央财政补贴资格。工业和信息化部将其问题车型从《节能与新能源汽车示范推广应用工程推荐车型目录》予以剔除。

对后 4 家企业 2015 年生产销售的其他新能源汽车,由当地监管部门逐一严格审核后重新申报,确无问题的车辆可按原政策中央财政继续予以补助。至于何时恢复执行中央财政补贴政策,视地方政府和企业整改情况而定。届时由财政部、科技部、工业和信息化部、发展改革委共同核查验收,验收合格报国务院批准后方可恢复执行财政补贴政策,但不恢复预拨财政补贴资金资格。

对检查中发现的其他问题,财政部将视情节依法依规进行处理。一是对存在"有车缺电"和"标实不符"问题的企业,追回 2013 年、2014 年问题车辆已获取的中央财政补贴资金,并依据《财政违法行为处罚处分条例》有关规定,按问题金额的 30％处以罚款;对 2015 年问题车辆不予清算。对涉及此类问题的企业 2016 年财政补贴预拨资格予以取消,但其依法合规生产销售的车辆,仍可按规定申报财政补贴。

二是对闲置车辆在 2015 年清算中暂扣中央补助全部或 50％ 的中央补助。其中：对于车辆符合出厂标准但出售对象是关联企业而非终端用户、提前谋取补贴的，涉及的中央财政补助资金将暂缓清算，待车辆卖给终端用户并实际应用后，再按实际交付和应用年度的补助标准进行申报，经有关部门严格审核后再予清算。对于车辆虽然卖给终端用户、但在获取财政补贴后闲置的（不含租赁公司类），在清算时只按正常补助标准的 50％ 结算。一年后达到利用率标准再拨付余款。如一年后仍然闲置，则取消补贴资格，并追回已拨付的中央财政补助资金。

根据问题严重程度，财政部将会同有关部门向问题企业所在的省市地方政府进行通报，要求当地政府进一步核查追究相关监管部门及工作人员的责任，涉嫌违纪违法的，交当地行政监察部门、公安部门及检察机关处理。对相关企业骗取地方财政补助资金的行为，由地方参照上述处理原则进行处理。

第二节　预算法

一、预算和预算法概述

（一）预算的概念、原则和类别

1. 预算概念

所谓预算，实际上是指国家预算或财政预算，也就是说国家对会计年度内的收入和支出做出的预先估算。预算在国家组织、分配财政资金中，扮演着重要的角色，属于非常重要的工具。与此同时，预算也是国家进行相关的宏观调控的经济杠杆。

国家预算，从形式上说，体现为反映财政收支的特定状况，对于政府各种收入的来源和使用过程,都进行了详细的表述,在当今时代,就政府对经济的调节和参与的规模、程度及范围也有相应的反映。

2.预算原则

预算原则,是指在对预算进行相关的编制、批准、执行和监督过程中,需要以一定的基本准则为基础而且必须遵循。

现代国家预算,一般遵循以下原则。

(1)公开性原则;

(2)真实性原则;

(3)完整性原则;

(4)统一性原则;

(5)法定性原则;

(6)年度性原则。

除此之外,我国《预算法》第十二条规定,各级预算应当本着遵循统筹兼顾、勤俭节约、量力而行、讲求绩效以及收支平衡的原则。

3.预算类别

国家预算的类别主要有三种形式:单式预算和复式预算、绩效预算和规划—项目预算、增量预算和零基预算。我国各级政府按照复式预算进行编制。

(二)预算法的对象、地位与体系

预算法对国家在预算资金的筹集、分配、使用和管理过程中所发生的一系列社会关系进行相关的调整,形成预算关系。预算法包括预算管理体制法律制度、预算程序法律制度和预算实体法律制度三种。

由于财政活动的中心是对预算资金进行筹集、使用、管理和分配等预算活动,所以财政关系的核心是预算关系,而对预算关系进行相关的调整的预算法就成了财政法的核心部分。

(三)预算年度

所谓的预算年度,实际上就是财政年度,具体是指年度财政进行预算的一个起止时间。

预算年度分为两类。

(1)历年制,即以公历年度作为预算年度,如德国、法国、波兰、奥地利等。

(2)跨年制,是以一年中的某个日期开始的 12 个月作为预算年度,如英国、日本为当年 4 月 1 日至次年 3 月 1 日。我国《预算法》第十八条规定:"预算年度自公历 1 月 1 日起,至 12 月 31 日止。"

由于企业和各种社会组织的活动与国家财政的关系十分密切,如依法纳税、接受会计监督等,所以,预算年度通常也是会计年度、财务年度。

二、预算管理职权

预算管理职权,实际上就是指各级预算主体在预算活动中所享有的权利和职责。

(一)权力机关的预算管理职权

(1)全国人大在进行预算管理的相关工作时,享有审查权、批准权和变更、撤销权;全国人大常委会在进行预算管理工作时,享有监督权、审批权和撤销权。

(2)地方人大对于本级预算享有与全国人大对国家预算的同等权力;地方人大常委会对于本级预算享有与全国人大常委会对国家预算的同等权力。

(3)设立预算的乡、民族乡和镇的人民代表大会对本级预算享有审批权、监督权和撤销权。

(二)行政机关的预算管理职权

(1)编制权、报告权、执行权、决定权、监督权和变更撤销权是国务院对预算享有的权利。

(2)县级以上人民政府对本级预算享有与国务院对中央预算的同等权力。

(3)乡镇人民政府对本级预算享有编制权、报告权、决定权和执行权;经省级人民政府批准,乡镇本级预算草案、预算调整方案和决算草案,可以由上一级政府代编。

(三)财政部门的预算管理职权

各级预算的编制和组织实施工作,主要由财政部门担负。编制权、执行权、提出方案权和报告权是各级财政部门对本级预算享有的权利。

(四)其他部门和单位的预算管理职权

其他各部门和单位具体负责本部门和单位预算的编制和执行,并接受财政、审计等监督。

三、预算收支的范围

(一)全口径预算管理

对于全口径预算管理的理解,可以说是对现代财政制度的一个基本要求,如果没有全口径的预算管理,一些收支将会脱离人民代表大会的监督,甚至在账户外直接进行收支,从而滋生腐败。

(二)预算收入

一般来说,关于公共预算收入的内容,主要有税收收入、行政事业性收费收入、国有资源(资产)有偿使用收入、转移性收入和其他收入。

(三)预算支出

预算约束主要体现在预算支出方面。2014 年修订的《预算法》针对各级预算支出要按其功能和经济性质分类编制做了强调,在一定程度上,对预算及其监督的落实起到了促进作用。功能分类如实反映了政府的职能;经济分类则很好地反映了政府支出的经济属性。

预算支出根据其主体不同,主要分为中央预算支出和地方预算支出。

四、预算管理程序

(一)预算的编制

各级预算机构根据年度经济社会发展目标、国家宏观调控总体要求和跨年度预算平衡的需要,参考上一年预算执行情况、有关支出绩效评价结果和本年度收支预测,按照所规定的程序在征求各方面意见后,展开编制。

(二)预算的审批

全国人大对中央预算进行审批,国务院在全国人大举行会议时,向大会作关于中央和地方预算草案的报告;地方各级预算由本级人大审批,地方政府在本级人大举行会议时,向大会作关于本级总预算草案的报告。

各级地方政府应当将经本级人大批准的本级预算及下一级政府报送备案的预算汇总,报上一级政府备案。县级以上地方政府将下一级政府报送备案的预算汇总后,报本级人大常委会备案;国务院将省级政府报送备案的预算汇总后,报全国人大常委会备案。

国务院和县级以上地方各级政府对下一级政府报送备案的预算,认为有不适当之处,需要撤销批准预算决议的,应提请本级人大常委会审议决定。

(三)预算的执行

预算执行,也比较好理解,具体是指预算在经过法定程序批准之后进入具体实施的阶段。在我国,关于预算执行的主体,主要有各级政府、各级政府财政部门、预算收入征收部门、国家金库、各有关部门和单位。

对于各级政府来说,它们是预算执行的组织机关。在各级预算进行相关的收入和支出过程中,实行的是收付实现制,又称现金制或实收实付制,是以现金收到或付出为标准,来记录收入的实现和费用的发生。一些特定事项按照国务院的规定实行权责发生制,这里的权责发生制又称应收应付制原则,是指收入和费用的确认应当以实际的发生为标准。实行权责发生制的有关情况,应当向本级人大常委会报告。

(四)预算的调整

预算调整,相对更好理解,根据它的字面意思,我们能够知道是指在预算进行执行过程中,因之前的预估收支与实际需要出入较大,需要对原来收支平衡的预算再次做出局部的调整和变更。

需要调整相关预算的,应当针对调整方案进行编制,之后需要由本级人大常委会进行审查并予以批准。关于乡镇预算调整方案,一律都由本级人代会进行审查批准。

需要注意的一点就是,如果对预算实施调整,一个前提是必须依照法定程序进行。如果脱离了法定程序,随意进行调整,这种行为就会构成违法,而对于违法的预算调整行为,本级权力机关或上级政府有权予以改变或撤销。

对于不同预算科目、预算级次或者项目间预算资金的调剂,是不属于预算调整范围的,但是这个过程也需要按照国务院财政部门的规定办理。

(五)决算

所谓的决算,是针对于预算收支年度执行情况做的相关总结。决算具体说来,有两种形式,主要包括决算报表和文字说明这两个部分。

在对决算草案进行编制的时候,必须要与相应的法律、行政法规相符合,做到收支真实、数额准确、内容完整、报送及时,决算草案与预算对应,按预算数、调整预算数、决算数分别列出。一般来说,公共预算支出应当分别按其功能和经济性质进行分类编列。

决算草案需要按照国务院规定的时间,由财政部进行相关的部署,在每一预算年度终了后,由各级政府、各部门、各单位进行相应的编制,上报并由各级财政部门做一个汇总,提请进入审批阶段。中央决算由全国人大常委会审批,县以上各级地方决算由本级人大常委会审批,乡级决算由本级人大批准。

按照《预算法》第九十七条,各级政府财政部门还应当按年度编制以权责发生制为基础的政府综合财务报告,报告政府整体财务状况、运行情况和财政中长期可持续性,报本级人大常委会备案。

五、预算决算监督与预算法律责任

(一)预算决算的监督

预算决算的监督,根据主体不同,分别有权力机关的监督、政府的监督和政府专门机关的监督。

全国人大及其常委会有权力对中央和地方预算决算进行监督;县级以上地方各级人大及其常委会有权对本级和下级预算决算进行监督;乡级人大有权对本级预算决算进行监督。

权力机关行使监督权，主要通过组织调查、询问以及质询的形式进行。

各级政府有权对下级政府的预算执行情况进行相应的监督。各级政府财政部门对于本级各部门及其所属各单位预算的编制和执行负责监督检查。政府各部门有权对于所属各单位预算的执行进行监督，向本级政府财政部门反映本部门预算执行的详细情况，依法纠正违反预算的行为。审计部门依法审计监督预算执行、决算实行；对预算执行和其他财政收支的审计工作报告应当向社会公开。

在以上相关的工作中，公民、法人或者其他组织如果发现违反预算法的行为出现，可以依法向有关国家机关进行检举并控告。

(二)预算法律责任

对于预算法律责任的理解，具体来说，是指预算主体在违反相关的预算法之后，所应当承担的法律后果。违反预算法的法律责任，主要包括违反预算程序、违法调整预算、违法进行预算收支、挪用重点支出资金、在预算之外及超预算标准建设楼堂馆所、违法举借债务或者为他人债务提供担保、违法占用应当上缴国库的预算收入、违法动用或支配库款、骗取预算资金等的法律责任。

案例

上海锦江酒店的全面预算

案例简介：

上海锦江酒店集团在预算管理方面，大多是采用比较传统的Excel手工预算进行相关的工作。但是，随着企业规模不断地扩张，全面预算日益成为增强企业管控能力的重要工具，Excel显然难以满足这一需求。在2007年，上海锦江国际酒店集团开始进行相应的调整，启动了全面预算管理系统建设。

案例分析：

通过设置多维数据的预算体系，锦江酒店可以实现的预算维度也丰富起来，既有包括会计科目、报表项目和各类预算指标的预算科目(指标)维度,也有包含集团成员公司的不同管理组织结构的预算主体维度,更有分别细化为预算年度与预算月份的会计年度维度和会计期间维度,以及更为个性化的会计准则维度、版本维度、货币维度等内容。

全面预算管理系统的实施,在锦江酒店中发挥了巨大的作用——支持了锦江酒店的经济型酒店高速扩张中的资源配置,全面预算平台为锦江酒店提供了强大的预算管理协同工作平台,使集团各预算单位能够在该平台上共同参与全面预算管理。通过全面预算管理,锦江酒店能更加清晰地了解企业的运营状况,全面提升了集团管理的决策支持能力,并能精确地预测各项活动对集团运营所产生的影响,同时对市场的变化做出及时反应,发现和推进潜在的利润增长点,保持集团的竞争优势。

第三节 国债法

一、国债与国债法的概述

(一)国债的概念、分类与功能

1.国债的概念

所谓国债,其实就是对国家的债务的一个简称,它的形成是由国家以其信用为担保筹措资金而形成的一种债务形式。关于国债,其债务人是国家,债权人包括持有国债的公民、法人或其他组织。国家的信用依其国力、财力和法治水平的不同而各有高低,但一般而言,国债的信用等级与企业和个人等的信用等级性比起来还是相当高的,有着较高的安全性。

2.国债的分类

国债根据不同的标准,可以进行不同的分类。

(1)按照不同的举借债务方式,可以把国债分为国家债券和国家借款。国家债券是中央政府根据信用原则,以承担还本付息责任为前提而筹措资金的债务凭证。国家借款是按照一定的程序和形式,由借贷双方共同协商,签订协议或合同,形成国债法律关系。

(2)按照不同的偿还期限,可以把国债分为定期国债和不定期国债。定期国债是指国家发行的严格规定有还本付息期限的国债。不定期国债是指国家发行的不规定还本付息期限的国债。

(3)按照不同的发行地域,可以把国债具体分为国家内债和国家外债。国家内债是指在国内发行的国债,其债权人多为本国公民、法人或其他组织,还本付息均以本国货币支付。国家外债是指国家在国外举借的债,包括在国际市场上发行的国债和向外国政府、国际组织及其他非政府性组织的借款等。国家外债可经双方约定,以债权国、债务国或第三国货币筹集并还本付息。

(4)按照不同的发行主体来说,可以把国债具体分为国家债和地方债。国债是由国家发行的债券,是中央政府为筹集财政资金而发行的一种政府债券,是中央政府向投资者出具的、承诺在一定时期支付利息和到期偿还本金的债权债务凭证。地方债是指有财政收入的地方政府及地方公共机构发行的债券,是地方政府根据信用原则、以承担还本付息责任为前提而筹集资金的债务凭证。

(5)按照不同的发行性质,国债还可以分为自由国债和强制国债两种。自由国债是指政府在发行时不附带任何应募条件,而由企业或居民自由认购的国债。它是现代世界各国国债的普遍发行形式。强制国债指国家凭借政权的力量,以强制购买的方式发行的国债。

(6)按照不同的使用目的,国债又可以分为赤字国债、建设国债和特种国债。赤字国债是指用于弥补政府预算赤字的国债。建设国债是指发债筹借的资金用于建设项目的国债。特种国债是指政府为了实施某种特殊政策而发行的国债。

（7）按照是否可以流通或在证券交易所流通,国债可分为流通国债和非流通国债、上市国债和不上市国债。流通国债是指可以在流通市场上交易的国债。非流通国债是指不允许在流通市场上交易的国债。上市国债也称可出售国债,是指可在证券交易场所自由买卖的国债。不上市国债,是指不可以在证券交易场所自由买卖的国债。

3.国债的功能

对于国债而言,弥补财政赤字是其最基本的功能。在我国,国债主要用于公共建设方面,而在西方国家,与我国有所不同,用于福利开支方面是它们主要的职能。

另外,国债还可以用在其他方面,如对财政收支过程中发生的季节性资金余缺进行调剂。在现代市场经济国家,国债是一种必不可缺的、对国民经济运行进行宏观调控的重要手段,比如,美联储量化宽松购买财政部发行的国债。

(二)国债法的对象与立法

所谓国债法,主要是指对国家和地方发行债券筹措资金的行为进行规范的法,是对在国债的发行、流通、转让、使用、偿还和管理过程中发生的社会关系的调整。

1.国债法的对象

国债法所规范的主体是国家,政府、国债中介机构和国债投资者都包括在内。国债法从一定意义上说,属于财政法。由于其主要是对作为债务人的国家与债权人之间的权利义务进行规定,因而与民法中的债法有着十分密切的关系,二者不可分割开来。除此之外,国债法与会计和审计、信用评估、证券的发行和监管等也是交叉的。

2.国债法的立法

我国的国债立法与新中国的成立相伴而生,如中央人民政府在 1949 年通过了《关于发行人民胜利折实公债的决定》,同年,政务院颁布了《1950 年第一期人民胜利折实公债条例》。1981 年国务院通过了《国库券条例》,现行有效的是 1992 年国务院颁布的同名条例,对于国库券的发行对象、计算单位、发行国债条件的确定、国债法律责任等作了原则规定。

随着科技不断地进步,社会上的一切事物都在变化。目前,《国库券条例》已经很难适应社会主义市场经济发展的迫切需要,具体原因如下。

(1)它的适用范围比较狭窄,仅仅限于国库券的范围,而针对其他国债类型并没有予以适当地规范;

(2)只对国库券发行的相关事宜进行了详细的规定,没有对国库券的流通、使用和偿还等事宜进行相关的规定;

(3)没有规范有关发行的审批程序。[①]

《国库券条例》根据 2011 年 1 月 8 日《国务院关于废止和修改部分行政法规的决定》进行了新的修订,但是就其主要内容来说,主要是针对第十一条第二款关于"对倒卖国库券的,按照投机倒把论处"的规定做了删除。在《预算法》中,有关于对国债的规定,但是也是一些概括性的。因此,制定一部"国债法"是十分有必要的,有了"国债法",就能够对国债进行更为全面、更为具体的规制。

二、国家内债法律制度

国家内债法律制度,顾名思义,就是国家内部的债务法律制

---

① 陈共.财政学[M].北京,中国人民大学出版社,1997,第 282 页.

度,其中主要由国债的发行制度、使用制度、偿还制度和管理制度四个部分构成。

(一)国债发行制度

对于国债的发行来说,有关于发行主体、发行的对象、发行的条件和发行的方法等问题需要立法加以规制。

1.发行主体

关于发行主体,主要的问题就是关于哪级、哪些地方能够自主发债。我国的基础设施、市政建设主要属于地方事权,因此,按照国际通行的做法来看,允许地方发债势在必行。

但是,需要注意的一点就是,放开的程度、范围以及步骤应当谨慎,以免在约束不到位的状况下,使得地方为了政绩过度发债以致发生严重后果。

如前所述,2014年《预算法》修订后,也只允许省级地方政府发行债券举债。

2.发行对象

对于国债的发行对象而言,范围较大,对象甚至可以是公民个人,但是一般来说成熟的国债市场中,则以机构投资者为主要发行对象。

3.发行条件

国债的发行条件,具体是指国债的种类、数额、利率以及付息方式等。国债的利率所参照的因素,主要包括金融市场的利率水平、政府信用的详细状况和社会资金供给量。

4.发行方法

国债发行的方法,种类有很多,主要包括直接发行法、间接发行法、销售发行法和摊派发行法。

按照国债发行时的价格与其票面值的关系,可以分为平价发行、减价发行和增价发行三种。

(二)国债使用制度

国债的使用,主要包括政府对国债资金的使用以及国债债权人对国债权利的行使。

(1)政府使用国债,主要是用于经济建设和其他特定用途。

(2)国债债权人对国债权利的行使,主要体现在转让和抵押国债等方面。

目前,我国国债交易市场的情况逐渐得到改善,市场日益开放,交易也变得越来越活跃,方式逐渐变得多样化。这些转变,对于公开的市场操作、有效实施宏观调控,具有非常积极的作用。

(三)国债偿还制度

国债的偿还,是由国家依法制定或约定,对到期国债还本付息的法律制度。

税收、举借新债以及国债投资项目的收益,这三种形式是国债偿还资金的主要来源。同时,直接偿还法、买销偿还法、抽签偿还法和轮次偿还法,也是国债进行偿还的方法。

(四)国债管理制度

国债管理,是针对国债的规模、结构、利率等所采取的各种管理措施。国债的管理贯穿于国债的发行、使用和偿还等各个环节,对于稳定经济和社会的安定有着非常重要的作用。

国债的管理,包括两个方面,分别是规模管理和结构管理。当然,监督和责任追究也是必不可少的。

三、国家外债法律制度

外债,是指我国境内的机关、团体、企业及金融机构、事业单位以及其他机构用外国货币承担的具有契约性偿还义务的债务。

我国实行的外债管理体制,采用的是统一管理、分工负责。换句话说,就是在国务院统一领导下,由国家发改委、财政部和中国人民银行三个部门共同分工管理。

发行国家外债,需要遵循一定的原则,具体包括遵循国家主权原则、经济效益原则和量力而行原则。国家对外债的管理,包括三个方面,主要有国家外债的结构管理、国家外债的统计监测管理和国家外债的偿还管理。

案例

英国政府发行人民币国债

新华社伦敦2014年10月14日电(记者吴心韬)英国财政部发布声明称,英国政府已成功发行首只人民币主权债券,规模为30亿元人民币,期限为三年。这是首只由西方国家发行的人民币主权债券,也是全球非中国发行的最大一笔人民币债券。

在声明中,英国财政部表示,投资者对于此次债券发行的需求旺盛,在14日的市场认购中,共吸引了85笔认购单,总认购金额约为58亿元人民币,投资者中包括各国央行、银行和基金公司。此批债券为单次发行,债券的票息率为2.7%。

英国财政部表示,债券成功发行给规模较小但发展迅速的人民币离岸市场提供流动性,也将吸引更多来自于私营和公共部门的投资者参与到这个市场当中。同时,债券发行收入将纳入英国外汇储备,表明人民币作为未来储备货币之一的潜力。

英国财政大臣乔治·奥斯本表示:"(债券发行)获得巨大成功,这将会给纳税人创造价值。我们的长期经济计划开始发挥效果,但是工作还未完成。我们需要向高增速经济体如中国出口更多,同时吸引来自于这些国家的更多投资。"

9月12日,奥斯本宣布,英国有意向发行首只人民币计价主权债券,以创西方国家之先例。本月9日,英国宣布已委任包括中国银行在内的三家银行作为此次发行的主承销商,英国央行将作为财政部的代理机构,管理此次债券发行事宜。

第四节 政府采购法

一、政府采购及重要作用

(一)政府采购的概念

政府采购,也可以理解为公共采购,具体内容是指政府为了达到公共目的,按照法定的方式和程序,以购买者的身份购进货物、工程和服务的行为。

(二)政府采购的重要作用

政府采购制度是财政制度中最为重要的一个组成部分,其确立时间在西方国家相对较久。在市场经济条件下,最大的消费者是政府,因为其采购支出的数额十分巨大。

各国之所以相继建立政府采购制度,是因为该项制度主要具有以下重要作用。

1.强化管理,提高效率

使得财政资金流向的透明度和财政资金的使用效率有所提高,强化对财政资金的管理。

2.调节和保护国民经济,弥补市场不足

(1)它同相关的经济政策和社会政策相互配合,对于国民经济的运行能够起到一定程度上的调节作用,对经济结构的调整和经济总量的平衡有所影响;

(2)能够保护民族经济,使民族经济的国际竞争力有所提高;

(3)能够针对市场中所存在的缺陷通过存货吞吐进行弥补,

使企业和消费者的合法权益得到维护；

（4）能够促进充分就业和环境保护。

3.加强监督,反腐倡廉

能够加强财政监督,更好地促进反腐倡廉。随着市场经济的发展和财政体制的不断更新和改革,我国对政府采购立法日益重视。

二、我国政府采购制度的重要内容

(一)政府采购法的立法宗旨

根据我国《政府采购法》的相关规定,政府采购法的立法宗旨主要包括以下五方面。

（1）对于政府采购的行为进行规范；

（2）使得政府采购资金的使用效益有所提高；

（3）使国家利益和社会公共利益得到一定程度上的维护；

（4）适当地针对政府采购当事人的合法权益进行保护；

（5）进一步促进廉政建设。

上述提到的五个方面的宗旨,它们之间的关系是密切相关的、缺一不可。

(二)政府采购法的法律定义

根据《政府采购法》的相关规定,所谓的政府采购,实际上是指各级国家机关、事业单位和团体组织,使用财政性资金采购依法制定的集中采购目录以内的或者采购限额标准以上的货物、工程和服务的行为。

上述定义中所提到的"采购",指的是有偿取得货物、工程和服务的行为,通过合同方式进行。

(三)政府采购法的原则

政府采购法的原则,实际上可以理解为整个政府采购法的立法、执法等各个环节都应遵循的基本准则。总体上说,与经济法的基本原则是相一致的,具体包括以下方面。

1.采购法定原则

所谓的采购法定原则,就是指政府在采购中的各项基本要素,都需要严格依照法律的规定确定。包括以下两方面的内容。

(1)实体要素法定。主要指主体法定、采购客体法定、采购资金法定等。

(2)程序要素法定。主要是针对采购程序所做的规定,具体包括招投标法定等进行采购。

2.保障公益原则

政府采购,在一定意义上讲,是有别于私人采购的。它具有突出的公共性、公益性、公法性特点。

因此,政府在进行相关的采购时,需要考虑很多因素,要使国家利益和社会公共利益得到相应的保障,要有利于经济、社会的良性运行和协调发展。我国《政府采购法》中有多项规定对于上述原则的要求都有所体现。

3.公平交易原则

公平交易原则,是进行微观的、具体的采购活动时,所需要遵循的原则。它包括下列具本原则。

(1)政府采购遵循公开透明原则。遵循这一原则也是对财政支出透明度和财政资金使用效益的一个重要保障。

(2)政府采购遵循公平竞争原则。政府作为最大的消费者,在进行相关的采购中,所采购的领域也是厂商之间展开竞争的重要领域,所以,采购过程中必须要遵循公平竞争原则。

（3）政府采购应当遵循诚实信用原则。政府采购既然涉及"采购"，当然会涉及基本的买方和卖方的利益以及其他相关主体的利益，以及相关主体的诚实信用问题，因此，同样适用诚信原则。

（四）政府采购法的主体

1.从事政府采购活动的主体

从事政府采购活动的主体，也就是政府采购的当事人，涉及在政府采购活动中享有权利和承担义务的各类主体，其中主要包括采购人、供应商和采购代理机构等。

作为政府采购活动重要主体的供应商，应当具备下列法定条件。

（1）具有独立承担民事责任的能力；

（2）具有良好的商业信用和健全的财务会计制度；

（3）具有履行合同所必需的设备和专业技术能力；

（4）有依法交纳税收和社会保障资金的良好记录；

（5）参与政府采购活动前3年内，在经营活动中没有重大违法记录；

（6）法律、行政法规规定的其他条件。

2.监管政府采购活动的主体

对于政府采购的相关活动，必须设有专门的监管，这也是政府采购与私人采购之间的一个不同之处。具体说来，由于政府在进行相关的采购活动时，涉及了大量的财政支出，涉及了纳税人的钱怎么使用的问题，因此，其监管主体由财政部门执行再合适不过。

此外，如果采购活动涉及了其他政府部门时，则其他政府部门亦应依法进行合理地监管。

（五）政府采购的方式、程序与合同

1.政府采购的基本方式

根据我国《政府采购法》的相关规定，政府采购一般采用以下方式进行。

（1）采用公开招标的形式；

（2）采用邀请招标的形式；

（3）通过竞争性谈判的形式；

（4）通过单一来源进行采购；

（5）采用询价的形式；

（6）国务院政府采购监督管理部门认定的其他采购方式。

其中，政府采购的主要采购方式围绕公开招标的形式进行。这里需要注意的是，采购人不得随意将应当以公开招标方式采购的货物或者服务化整为零或者以其他任何方式对公开招标采购进行规避。

2.政府采购的程序

政府在进行采购的一系列过程中，涉及了较多的程序。例如，从政府采购预算的编制、审批、执行，到各类政府采购方式，几乎每个环节都有属于自己的一套程序，这就需要依据程序要素的法定原则，按各类程序的规定严格办事。

3.政府采购合同

依据我国《政府采购法》的相关规定，采购人和供应商之间的权利和义务，应当按照平等、自愿的原则以合同方式约定。政府采购合同适用《合同法》，并应当采用书面形式进行。

（六）政府采购制度中的财政法规范

如前所述，对于政府采购制度来说，无论是从出发点还是归宿也好,与财政支出管理都有着直接的关系。因此,在政府采购制度中,必然会相对应地制定大量的财政法规范。

从我国《政府采购法》的直接规定来看,下列提到几个方面的财政法规范需要引起注意。

(1)针对规范预算行为,负有编制部门预算职责的部门在编制下一财政年度部门预算时,应当将财政年度政府采购的项目及资金预算列出,报本级财政部门汇总。对于政府采购来说,应当严格按照批准的预算执行。

(2)针对采购目录的确定,政府采购实行集中采购和分散采购相结合。

(3)在限额标准确定方面,属于中央预算的政府采购项目,由国务院确定并公布;属于地方预算的政府采购项目,由省级人民政府或者其授权的机构确定并公布。

(4)在招标数额的确定方面,公开招标应作为政府采购的主要采购方式。

(5)在法律责任方面,采购人对应当实行集中采购的政府采购项目,不委托集中采购机构实行集中采购的,由政府采购监督管理部门责令改正;拒不改正的,停止按预算向其支付资金,由其上级行政主管部门或者有关机关依法给予其直接负责的主管人员和其他直接责任人员处分。

案例

2009年6月,在某市政府采购代理机构组织的一医疗设备采购中,招标文件的许多条款前都加了"*",但未阐述加"*"是何意。招标文件发出后,供应商也没有就加"*"究竟是何意进行询问。截至投标截止时间,采购代理机构共收到19家供应商的投标文件。8月上旬,开评标活动如期举行。在评标过程中,15家投标人的投标文件因为不同的原因被判作了无效投标文件。8月中旬,采购代理机构公布了评标结果。没过两天,采购代理机构便收到了Q公司的质疑函:"本公司的投标产品质优价廉,为何没有成为中标候选人。"采购代理机构的答复是:贵公司的投标文件未提供厂家授权,这属于加"*"的条款,是招标文件的实质性要求。因此,贵公司的投标已经在初审环节被评标委员会判作了无效投标。由于对采购代理机构的答复不满,次日,Q公司向当地财政部门提起了投诉。Q公司在投诉中称,在此次采购中,采购代理机构并未标明带"*"条款属于实质性要求条款,评标时却将不满足加"*"条款要求的Q公司判作无效投标。

当地财政部门调查后发现,在采购代理机构编制的招标文件中的确没有实质性条款的字眼,只是在许多条款前都加了"*"。对此,采购代理机构的解释是,在政府采购活动中,许多采购代理机构都是用"*"强调实质性条款,供应商应该知道加"*"条款的含义。但当地财政部门却认为,采购代理机构如此编制招标文件不符合《政府采购货物和服务招标投标管理办法》第十八条的规定,给部分供应商带来了一定的损失。因此,采购代理机构不仅被责令就该项目重新组织采购,还遭到了经济处罚。

案例分析

在政府采购活动中,许多政府采购代理机构在招标文件中提出实质性要求时,往往都会在实质性要求条款前添加特殊符号(如*、★等),或是在实质性要求条款下方加专名号。这种做法主要是出于三个方面的考虑:一是引起潜在供应商的注意,避免不满足要求的供应商前来投标浪费不必要的精力;二是提醒投标人不要遗漏招标文件实质性条款的要求;三是为了引起评标委员会的注意,让评审专家排除不满足条件的投标人。这本来是值得肯定的做法,但如果使用不当反而会弄巧成拙。

根据《政府采购货物和服务招标投标管理办法》的规定,招标采购单位应当在招标文件中规定并标明实质性要求和条件。采购代理机构在实质性要求和条件前加特殊符号,以引起潜在供应商以及专家注意的做法值得肯定,但只加特殊符号而未说明加特殊符号的用意,也未在招标文件中列出哪些条款为实质性要求和条件的,就不符合《政府采购货物和服务招标投标管理办法》的规定。采购代理机构不能以"很多项目都是用某一特殊符号来注释实质性要求和条件"为由,就只标特殊符号,而放弃(或忽略)了标明特殊符号所强调的内容为实质性要求和条件。

另外,采购代理机构在标明实质性条款的同时,还应注意,实质性要求和条款不能乱标。实质性要求和条款应该是可能对采购质量产生实质性影响的内容,而不是将招标文件的所有要求都规定为实质性要求。如果那样的话,采购是很难成功的。

第五节 财政转移支付法

一、转移支付与转移支付法概述

(一)转移支付的概念

财政支出主要由购买支出和转移支付两部分构成。所谓转移支付(transfer payments),可以称作无偿支出,它是进行宏观调控的一种重要手段。

根据转移支付的方向来看,政府间的转移支付有两方面,主要包括纵向转移支付和横向转移支付。然而,常常最为人们关注的是上级政府对下级政府的纵向转移支付,特别是来自中央政府对地方政府的转移支付,通常上级政府对下级政府的转移支付被作为是狭义的转移支付来看待。

(二)转移支付法的概念

转移支付法,是调整在财政进行相应的转移支付过程中所发生的社会关系的法律规范的总称。在财政法中,它属于一个重要的部门法。

对于转移支付法来说,它和国家的财政体制、经济社会政策等联系相当密切、不可分割。转移支付法,作为纽带的关系,把财政法与社会保障法、经济法与社会法联结在了一起。

（三）转移支付法产生的经济基础

对于财政支出的划分，在各国各级政府之间的财政关系中一直是诸多问题的焦点所在，它是针对各级政府间的权责关系进行的一个具体分配。一般说来，依据效率的要求，中央和地方政府应根据居民偏好的不同，有针对性地提供不同层次的公共物品。再进一步，各个地区的居民对一定的区域性公共物品的偏好程度和需求量是各不相同的，因此，地方政府可以被认为是地方性公共物品的最佳提供者。

提供公共物品，离不开相应的财力支持。由于体制等诸多方面的原因，加上各国不同地区的经济状况各异，在发展方面不是相对均衡，这就毫无疑问地会存在"财政失衡"的问题。

针对"财政失衡"的问题，需要制订合理的计划去解决，这时就少不了财政转移支付制度了。在公共物品的提供方面，要大略地使"均等化"得以实现，也就是使各级政府在自然资源禀赋、人口密度、历史文化、经济结构和经济发展程度存在诸多差异的情况下，能够依其级次提供相应的、差别不大的公共物品。

经过各国的实践表明，在经济发展不平衡，财政失衡现象普遍存在的情况下，建立转移支付制度是刻不容缓的；而在对转移支付制度建立的过程中，必须通过法制化的道路进行。由此可见，转移支付法的产生是与经济发展的要求相适应的，有其深厚的经济基础。

二、转移支付法律制度的基本内容

对于转移支付法律制度而言，有必要以一部《转移支付法》作为基础，再辅之以配套的相关制度。就我国目前的状况来看，至今仍然没有对《转移支付法》做出相关的规定，只是在《预算法》中有一些规定。从应然的角度来看，《转移支付法》应包括以下基本内容。

（1）立法宗旨；

（2）法律的适用范围；

（3）法律的基本原则；

（4）转移支付的主体及其权利义务；

（5）转移支付的形式、方式和条件；

（6）转移支付的预算安排；

（7）转移支付的监督管理；

（8）法律责任。

下面重点对转移支付的主体、形式、监督管理等内容进行详细介绍。

（一）转移支付的主体

转移支付主体有两类。

（1）发动转移支付的主体，其中主要有中央政府和地方政府；

（2）接受转移支付的主体，通常是下级地方政府。

（二）转移支付的形式

政府间进行相关的转移支付形式包括两类。

1. 一般性转移支付

所谓的一般性转移支付，就是按照现行的财政体制，实施无条件的拨款。由于各地区的经济发展水平和财政收入水平、各级地方政府辖区内的人口数量、与履行社会管理职能相适应的财力等不是均等的，而是各有不同之处，这也就最终使得不同地域的人们所享受到的由当地政府提供的公共物品是不尽相同的。

为了能够使各级政府的社会服务功能有所保障，上级政府必须适时发挥财政的分配职能，调节各地区的可支配财力，从而形成一般性或体制性的转移支付，它是政府间进行转移支付最基本和最主要的形式。

2.专项转移支付

专项转移支付,是指针对实现某一特定的政治经济目标或专项任务,由上级财政向下级财政进行的专案拨款。我国由于地域辽阔,人口众多,范围较广,财政职能担负着繁重的任务,因而专项转移支付也是常有之事。尤其是发生一些预料不到的自然灾害等非常情况,以及国家对重大政策进行调整也会使地方财政利益受到一定的影响,或者地方担负了本应由中央承担的事务的情况下。如此看来,由中央政府向地方政府进行专项拨款,确实显得有必要。

就目前情况而言,我国的转移支付制度没有达到一个非常完善的状态。总体来说,转移支付制度对于区域均衡发展的推动有一定的重要性。因此,对转移支付制度,必须进行规范的构建,使得转移支付制度的透明度有所提高,把宏观调控作用发挥得淋漓尽致,使其推进公共物品提供均等化的职能进一步得以实现。

(三)转移支付的监督管理

进行转移支付的资金主要由上级财政提供,也就不难看出,在转移支付中,上级政府的财政部门是其最主要的监管主体。

在监管方式上,根据转移支付的形式不同,相对应的监管方式也会有所不同。对于各种转移支付形式的具体监管办法,均可由转移支付法做出具体的规定。

我国《预算法》在预算、决算的审批、法律责任的追究等方面,都对转移支付的监督管理做出了规定。例如,在预算审批方面,需要审查"对下级政府的转移性支出预算是否规范、适当";在决算审批方面,"财政转移支付安排执行情况"是决算审查的重点内容。此外,在法律责任方面,"擅自改变上级政府专项转移支付资金用途的",要承担相应的预算法律责任。

案例

广东省流域生态补偿主要措施

主要以政府主导的财政转移支付或者政府投资的财政体系，私人投入的生态补偿资金比较少。2005 年 6 月出台的《东江源区生态环境补偿机制实施方案》中规定，从 2005—2025 年，国家将会协调建立流域上下游之间的区际生态效益补偿制度，广东省每年会从供水工程水费中安排近 2 亿元资金用于东江源区的生态保护建设。在"十一五"期间，在水源区投入 14 亿元用于矿山生态恢复、退耕还林等工程。

第八章　经济争端解决法的理论与案例分析

在经济交往中,总会发生一些争议和纠纷,对经济纠纷的处理十分重要,因为这影响到各方当事人在经济交往中的关系,还会影响整个经济社会的秩序。经济纠纷的处理和解决是经济法的重要组成部分。

本章对经济争端的解决方式进行了介绍,其中着重介绍经济仲裁与经济诉讼的内容,对二者的内容、含义、审判过程和执行等方面进行分析介绍。

第一节　经济争端的解决方式

在经济交往过程中,不可避免地当事人双方会因为一些事项产生争议,这就是经济争议。为了解决当事人之间的经济争议,可以根据当时的情况以及双方意愿采取不同的解决方式。

一、经济争端的含义

经济争端,是各当事人在进行经济交往或开展经济活动时发生的争端。平等主体或不平等主体间都可能发生经济争端。本章中提到的经济争端,是指平等民商事主体之间发生的关于财产方面权利义务的争议。对于不平等主体之间的经济争端,一般的解决方式为行政复议或行政诉讼。

二、解决经济争端的方式

处理经济争端需要根据不同的情况选择不同的解决方式。解决经济争端的方式可以分为两大类:一类是当事人自行协商解决争端,即协商;另一类是由第三方进行争端调解,包括调解、仲裁或诉讼。

(一)协商

协商是指当事人在自愿的基础上,根据相关法律法规以及合同条款的规定,通过磋商、谈判等方式,形成统一意见达成和解协议,从而解决争端的一种方式。

协商需要建立在各方当事人自愿的基础上,遵循平等互利的基本原则,对争议问题进行协商。协商是一种双方法律行为,具有法律效力,协商一致也就意味着达成一项新协议,双方当事人都受到该和解协议的约束,该协议的法律约束力等同于合同的约束力,若当事人违反该协议的内容则需要承担相应的法律责任。协商要保证其内容的合法性,否则会影响其法律效力。

协商具有以下三个特点:第一,协商过程没有第三人参与,保证协商双方的商业秘密不会泄露;第二,方便、灵活,建立在双方互利的基础上,可以更好地维持双方关系;第三,解决争端的成本较低。因为以上这些特点,当事人在发生经济争端时,一般首先都会考虑通过协商解决问题。

(二)调解

调解,是指在当事人自愿的基础上,由第三人出面进行主持,在当事人协商同意达成新的协议后,解决争议的方式。

根据调解的第三人不同可以将调解分为民间机构调解、专门仲裁机构调解、法院的调解。主持调解的第三人身份决定了该调解的法律效力。法院进行调解,当事人意见达成一致签订调解书后,调解书与判决书具有相同的法律效力。仲裁机构进行调节,当事人意见达成一致签订调解书后,调解书具有与裁决书同等的法律效力。其他调解,签订的调解书具有法律约束力,不具备强制执行力。若在达成协议后,当事人其中一方拒绝签字,则调解无效。

(三)仲裁

仲裁,是指由双方当事人在协议后将争议问题提交于具有公认地位的第三方,由该第三方对争议进行判断并进行裁决,以此解决争议的方式。

仲裁也是建立在双方自愿的基础上的一种争议解决方式,当事人根据订立的仲裁协议,自愿将其争议提交由非司法机构的仲裁员组成的仲裁庭并进行裁判,当事人双方均受该裁判约束。仲裁与法院审判一样都关系到当事人的实体权益。

(四)诉讼

诉讼,是指发生纠纷的一方当事人通过向具有管辖权的法院起诉另一方当事人的解决争议的方式。诉讼是一种法律行动,可以分为民事诉讼、行政诉讼和刑事诉讼,本章针对前者进行介绍。

我国的诉讼程序一般实行二审终审制,分为一审和二审,但也有一些案件实行一审终审制。

第二节　经济仲裁

经济仲裁是一种解决当事人之间的经济争议的方式。这种解决方式是建立在双方当事人自愿基础上的,通过第三方对其争议进行判断。

一、经济仲裁的含义及其特点

(一)经济仲裁

经济仲裁,也称公断,是指当事人在自愿的基础上,将已发生或可能发生的经济争议提交具有公认地位的第三方进行裁决,从而解决争议的方式,各方当事人均受到最终裁决的约束。

1697 年,英国正式制定了第一部仲裁法;1887 年,瑞典制定了与仲裁相关的法律;1917 年,瑞典成立了斯德哥尔摩商会仲裁院。以此为契机,仲裁制度得到了进一步发展。如今,仲裁已经成为我国处理国际贸易争议的主要解决方式。1994 年 8 月 31 日,我国颁布了《中华人民共和国仲裁法》(以下简称《仲裁法》),于 1995 年 9 月 1 日起正式施行。2000 年 11 月 22 日,中国国际商会修订并通过了《中国海事仲裁委员会仲裁规则》,并于 2001 年 1 月 1 日起正式施行。2000 年 9 月 5 日中国国际贸易促进委员会、中国国际商会修订并通过《中国国际贸易仲裁委员会仲裁规则》,并于 2000 年 10 月 1 日起施行。随着经济的发展以及仲裁制度的完善,人们越来越多地依靠仲裁的方式解决争议。

(二)经济仲裁的特点

1.自愿性或契约性

仲裁是当事人自愿选择和提交的,在进行仲裁时,当事人可以自行选择仲裁的程序、规则和相关事项等。

2.独立性与自治性

仲裁机构属于民间性组织,并不属于国家机关,所以仲裁机构不被其他个人或组织支配,它独立地处理民事争议。

3. 准司法性

仲裁裁决是终局裁决，双方当事人受其约束，当事人不可以对仲裁裁决提起诉讼，也不可以向其他机关请求结果变更。但需要注意的是，仲裁不具有强制执行力，仲裁机构并不能强制执行，一方当事人向有管辖权的法院申请强制执行才可以强制执行仲裁裁决，所以仲裁具有准司法性。

4. 专业性

仲裁员都是各个领域的专家，所以仲裁具有很强的专业性，提出仲裁的当事人可以根据自身情况选择仲裁员，这样可以更具针对性地处理纠纷。有时在经济争议中会存在技术性、专业性很强的事项，这就为法院审判带来了较大困难，由于专业性不足，有时法院审判还可能出现公正性难以保证的情况。所以，专家仲裁在一些纠纷的处理中更具权威性和说服力。

5. 保密性

仲裁的审理不公开，裁决结果仅限当事人知晓不对外公布，所以仲裁具有很强的保密性。仲裁可以帮当事人保守商业秘密，同时可以保证当事人的商业信誉不会因此受到影响。

6. 速度快、费用低

仲裁采用一裁终局制，并且仲裁委员会是由各领域的专家临时组成的，所以仲裁的速度快、效率高。此外，仲裁的程序简单，所以其需要的费用也比较低。

7. 对于国际贸易仲裁，域外执行具有简便性

法院判决的域外执行涉及国家主权的问题，所以面临很多困难。仲裁裁决涉及各国利益，所以在执行时也会遇到很多困难。国际仲裁涉及的国家为了保证自身的利益，都会对外国仲裁裁决

在本国的执行进行一定限制,这就可能导致裁决无法顺利执行。为了解决这个问题,在国际社会中已经缔结了三个关于承认和执行外国仲裁裁决的国际公约,其中《纽约公约》最具影响力和普遍性。1958年,联合国经济与社会理事会主持制定了《承认与执行外国仲裁裁决公约》,即《纽约公约》。我国于1986年12月加入,该公约于1987年4月22日对我国生效。

《纽约公约》原则上可以适用于任何一个外国仲裁裁决,但在实际操作中这并不能实现,因为缔约国不可能承认与执行一切外国仲裁裁决。为此公约进行规定,缔约国在加入该公约时可以做出互惠保留和商事保留。有互惠保留和商事保留作为前提,缔约国之间的仲裁裁决就可以顺利承认和执行了。当事人通过向有管辖权的外国法院直接提出裁决执行申请,就可以由外国法院进行执行,但要注意执行与判决不同。

二、经济仲裁的基本原则

第一,自愿仲裁原则。《仲裁法》第四条规定,当事人使用仲裁的方式解决纠纷,需要保证当事人双方自愿达成仲裁协议。对于没有仲裁协议提出仲裁申请的,仲裁委员会不予受理。仲裁中的自愿原则主要包括以下内容。

当事人使用仲裁的方式进行争议解决的,应该建立在双方自愿基础上;

双方当事人通过协商选择仲裁机构;

通过双方协商或双方委托仲裁委员会主任指定仲裁员;

在仲裁过程中双方可以自行和解,也可以撤回仲裁申请。

第二,公平合理、及时原则。仲裁要根据纠纷现实情况,按照相关法律法规的规定,遵循公平合理的原则解决当事人提出的纠纷。同时,要保证对纠纷及时解决,《仲裁法》第一条就提出及时地解决纠纷的原则。

第三,独立仲裁原则。《仲裁法》中明确指出,仲裁委员会不属于行政机关，与行政机关没有隶属关系，仲裁根据法律独立进行。仲裁不会受到行政机关、社会团体和个人的干涉，而是仲裁委员会独立进行裁决。

第四，不公开原则。《仲裁法》第四十条规定，除非当事人协议公开仲裁，否则仲裁过程和结果不公开，但涉及国家秘密的除外。

第五，一裁终局原则。《仲裁法》第九条规定，仲裁实行一裁终局制度。当事人不能对已经裁决的纠纷再一次申请仲裁或是向人民法院提起诉讼，这种情况仲裁委员会和人民法院不予受理。

第六：或裁或审原则。对于已经经过仲裁达成有效协议的纠纷，一方当事人就该纠纷向人民法院提起诉讼，人民法院不受理此案件。除非关于纠纷进行仲裁的结果无效，当事人才能依法向人民法院提起诉讼。人民法院对原仲裁裁决进行撤销或不予执行处理的，当事人可以达成新的协议，通过全新的协议向仲裁委员会申请仲裁，或是向人民法院提起诉讼。

第七：法院监督原则。仲裁委员会没有直接执行裁决的权利，裁决需要通过人民法院进行执行。若裁决符合法律规定是有效裁决，人民法院应该予以执行，对于不合法的仲裁裁决法院不予执行，法院还有权对不合法的仲裁裁决进行撤销。

三、经济仲裁的程序

（一）申请和受理

1.仲裁的申请

当事人在发生争议后选择通过仲裁的方式解决问题的，第一步就是向仲裁机构提出仲裁申请。当事人提出仲裁申请需要符合下面这些条件：有建立在双方自愿基础上的仲裁协议，有具体的仲裁请求和提出仲裁的事实、理由,在仲裁委员会的受理范围内。当事人向仲裁委员会提出仲裁时,需要提供仲裁协议申请书、仲裁协议书及副本。

仲裁协议申请书中需要明确的事项包括:第一,当事人双方的姓名、性别、年龄、职业、工作单位和住所,法人或其他组织的名称、住所和法定代表人或主要负责人的姓名、职务;第二,申请人依据的仲裁协议;第三,提出申请的案情和争议的重点及要点;第四,仲裁请求及提出仲裁依据的事实和理由,证据即证据的来源、证人的姓名和住所,若委托代理人进行仲裁的,需要将有效的授权委托书上交仲裁委员会。

2.仲裁申请的受理

在收到仲裁申请书之日起5日内,仲裁委员会确定是否受理该仲裁,并将决定告知当事人。仲裁委员会判定不符合条件的仲裁申请,需要书面通知当事人,并陈述理由。

仲裁委员会受理仲裁申请后,需要在规定的期限内将仲裁的规则及仲裁员名单送达申请人,并将仲裁申请书副本和仲裁规则、仲裁员名单和费用表送达被申请人。

申请人和被申请人在收到仲裁通知书之日起20日内,应该在仲裁委员会提供的仲裁员名单中选择一名仲裁员,或者委托仲裁委员会直接指定仲裁员;被申请人在收到仲裁通知书之日起45日内,应该向仲裁委员提交答辩书及相关证明文件。如果被申请人有反请求,海事仲裁需要在收到通知书之日45日内,国际经济贸易仲裁需要在收到通知书之日起60日内,通过书面申请的方式提交仲裁委员会。

(二)组成仲裁庭

仲裁庭成员可以是一名仲裁员,也可以是三名仲裁员,三名仲裁员组成的仲裁庭需要选择一名担任首席仲裁员。关于选择哪种组成方式可以由双方当事人共同协商决定,若选择三名仲裁员组成的仲裁庭,双方当事人各选择一名仲裁员,并通过协商选出首席仲裁员。如果双方当事人没有在规定的时间内决定仲裁庭的组成方式和仲裁员,则由仲裁委员会决定仲裁庭的组成方式以及仲裁员的人选。

仲裁员存在以下情况的,必须对该案件的仲裁进行回避,如果没有主动回避,案件当事人有权提出申请要求有关仲裁员进行回避。

一是仲裁员即为该纠纷的当事人,或者与该纠纷当事人或代理人具有近亲属关系的;

二是仲裁员与该纠纷之间存在一定利害关系的;

三是仲裁员与该纠纷的当事人或代理人之间存在一定关系,并且该种关系足以影响仲裁的公平公正的;

四是仲裁员私自与该纠纷的当事人或代理人会面,或是接受了本案当事人或代理人请客送礼的。

当事人如果对仲裁员的公正性和独立性有所质疑,可以通过书面申请的方式向仲裁委员会提出回避申请要求。当事人应该在第一次开庭前向仲裁委员会提交回避申请,如果在第一次开庭审理后才发生或当事人才获悉要求回避事由,则可以在最后一次开庭终结之前提出回避申请。

仲裁委员会主任决定仲裁员是否需要回避,若仲裁委员会主任担任此案仲裁员,则由仲裁委员会共同决定仲裁员是否需要回避。

仲裁员存在私自会见当事人、代理人或接受当事人、代理人请客送礼的,若情节严重,或在仲裁时有索贿、徇私舞弊、枉法裁决行为的,应该依照法律规定承担责任,仲裁委员会对该仲裁员进行除名处理。

(三)开庭和裁决

1. 开庭

一般情况下,仲裁开庭进行,但是当事人协议不开庭仲裁的,仲裁庭根据仲裁申请书、答辩书及其他相关材料做出仲裁裁决。一般情况下仲裁进行不公开,若当事人协议公开且不涉及国家秘密的,可以公开进行。

仲裁委员会应该在仲裁规则中规定的期限内将开庭日期通知当事人。当事人如果有正当理由,可以在规定的期限内向仲裁委员会提出延期开庭请求。

仲裁委员会通过书面形式通知申请当事人的,当事人没有正当理由不到庭或未经仲裁庭许可中途退庭的,将被视为撤回仲裁申请。仲裁委员会书面通知被申请人的,被申请人没有正当理由不到庭或未经仲裁庭许可中途退庭的,仲裁庭可以进行缺席审理,或者可以进行缺席裁决。

2. 裁决

在仲裁开庭后,案件当事人也可以在双方共同意愿的基础上达成和解。达成和解协议并向仲裁委员会提出仲裁申请的,仲裁庭会根据双方达成的和解协议进行仲裁裁定并做出裁决书;当事人也可以对已经提交的仲裁申请进行撤回处理。

在正式开庭前,仲裁庭可以就案件在双方当事人之间进行调解。若双方当事人接受调解,则仲裁庭会根据案件情况进行调解;若当事人不接受调解或是调解失败的,仲裁庭应该按照公正公平的原则及时进行案件裁决。调解达成协议后,仲裁庭会做出仲裁调解书,该调解书的法律效率等同于仲裁裁决书。仲裁调解书自双方当事人签收后即时发挥其法律效力。在调解书确实签收前,案件当事人对该调解结果反悔的,仲裁庭需要及时进行仲裁裁决。仲裁书的做出需要依照多数仲裁员意见,若对该仲裁结果持不同观点,该观点、意见可以通过笔录进行记录。若仲裁无法实现多数意见时,首席仲裁员决定裁定结果。有效的仲裁裁决书必须有仲裁员的签名以及仲裁委员会加盖公章。案件当事人确实签收裁定书起,即刻发挥其法律效力。仲裁本身并不具有强制执行力,需要人民法院进行裁决执行。若一方当事人不履行仲裁裁决,另一方当事人有权向人民法院提出申请,要求强制执行仲裁协议书内容。

(四)申请撤销裁决

仲裁采取一裁终局制,在仲裁做出后,当事人不可以向人民法院或其他机构部门提出重新审理的申请。如果仲裁过程中出现程序或是内容的错误,则可以通过申请撤销裁决的方式纠正错误的裁决。这样可以保证裁决的自愿原则,保证了裁决的公平性。

如果当事人认为仲裁裁决具有下列情况之一并可以提供证据,就可以在收到裁决书之日起六个月内,向仲裁委员会所在地的人民法院申请撤销裁决。第一,仲裁没有仲裁协议的;第二,裁决的事项不在仲裁协议的范围内的,或是裁决事项是仲裁委员会无权仲裁的;第三,做出裁决所根据的证据为伪造证据的;第四,对方当事人隐瞒了相关证据,并且该证据对公正裁决产生影响的;第五,仲裁员在仲裁该案时有索贿、徇私舞弊、枉法裁决行为的。

人民法院经合议庭审查核实,发现有以上撤销的情形或裁决损害社会公共利益的,应该在受理撤销裁决申请之日起两个月内做出撤销裁决的裁定。判断没有以上需要撤销裁定的情形的,需要在受理撤销裁决申请之日起两个月内做出驳回申请的裁决。

(五)裁决的执行

当事人应该执行裁决,若一方当事人不执行裁决,另一方当事人可以向人民法院提出申请要求强制执行,受理该请求的人民法院应当执行。若出现一方当事人申请执行裁决,另一方当事人申请撤销裁决的情况时,人民法院应该裁定中止执行。裁定撤销裁决的,人民法院应该裁定终止执行;撤销裁决的申请若被驳回,人民法院应当裁定恢复执行原裁决。

四、涉外经济仲裁

(一)涉外经济仲裁的含义和特点

涉外经济仲裁,是指在涉外经济贸易活动和海事活动中,双方当事人对已经发生或预测可能发生的争议,在双方自愿的基础上达成协议,将争议提交仲裁机构进行裁决,并通过这种方法解决纠纷的一种制度。涉外经济仲裁除了一般仲裁的特点外,还具有以下显著特点。

第一,仲裁包含的内容更广泛,包括跨国经济交往中所发生的商事纠纷;

第二,当事人在自愿的基础上进行仲裁地点、机构、规则的选择;

第三,当事人可以选择仲裁所适用的法律;

第四,仲裁委员会需要对仲裁裁决的效力进行明确规定。

(二)涉外经济仲裁协议的内容

1.仲裁事项

首先明确需要提交仲裁的具体事项有哪些,在涉外经济仲裁中这一点显得尤为重要。需要注意的是,约定提交的争议事项应该是按照国家法律属于商事争议,或可仲裁的争议,这样才能保证仲裁协议的有效性,保证仲裁裁决可以被承认和执行。《承认与执行外国仲裁裁决公约》中规定,缔约国在加入公约时可以做出保留。其中规定任何国家在签署、批准或加入公约时,可以申明:"本国只对根据本国法律属于商事的法律关系,不论其是否为契约关系所引起的争执,适用本公约。"很多国家都对此做了保留,所以,如果提出的争议事项并不属于相关国家国内法律认为的商事关系,那么该争议的仲裁裁决就不会被这些国家承认和执行。

我国的《仲裁法》规定,涉外经济贸易、运输和海事中发生的纠纷适用本法。《中国国际贸易仲裁委员会仲裁规则》《中国海事仲裁委员会仲裁规则》对涉外经济纠纷可以仲裁解决的事项进行了具体规定。

一类是海事争议,另一类是其他契约性或非契约性的经济贸易的争议。具体事项如下。

第一,国际争议或涉外争议;

第二,涉及我国香港、澳门特别行政区和台湾地区的争议;

第三,外商投资企业间的争议,或外商投资企业与我国其他法人、自然人及经济组织之间的争议;

第四,涉及中国法人、自然人及其他经济组织利用外国、国际组织或中国香港、澳门特别行政区、台湾地区的资金、技术或服务进行项目融资、招标投标、工程建筑等活动的争议;

第五,我国法律、行政法规有特别规定或特别授权,需要通过仲裁委员会受理处理的争议;

第六,双方当事人协商由仲裁委员会仲裁的其他国内争议。

2. 仲裁地点

仲裁地点涉及将哪个国家处理争议的法律作为仲裁依据。当事人可以协商选择仲裁地点,我国对于仲裁地点的选择规定为:规定在我国仲裁;规定在被告所在国仲裁;规定在双方同意的第三国仲裁。

3. 仲裁机构

当事人可以协商选择在某一地的仲裁机构进行仲裁,若该地有两个或两个以上的仲裁机构,需要明确所选仲裁机构的具体名称。

4. 仲裁规则

仲裁规则是指在进行仲裁时所运用的法律程序。我国《仲裁法》中规定,在我国的仲裁机构进行仲裁的,必须按照我国仲裁机构的仲裁规则进行仲裁。

5.仲裁的法律适用

这是指明确使用哪一国的实体法对当事人的权利、义务进行确定。当事人按照法律规定可以进行选择,一般遵循"当事人选择优先"的原则。适用法的选择很重要,它直接关系到纠纷的处理结果。一般情况下,仲裁所适用的法律应该与支配当事人关系的法律相同。在现实纠纷中,对适用的法律的选择是当事人争论比较多的一种问题,因为双方当事人都希望选择本国法律作为适用法。

当事人在选择所适用的法律时一般应该充分考虑以下几个问题:第一,法律是否具有强制性规定。若法律具有强制性规定,则必须适用强制性规定,无须另作选择。第二,按照纠纷的具体情况选择所适用的法律。第三,选择不同国家的法律后,需要明确该法律是订立合同时的法律,还是仲裁时的法律。

如果当事人不进行或放弃进行所适用法律的选择,一般会由仲裁庭依据仲裁地国家的冲突规范来援引准据法,或按常设机构的仲裁规则来选定。我国的涉外经济仲裁机构一般会遵循最密切联系原则,选择所适用的实体法,一般会选择缔约地法律、合同履行地法律、仲裁机构所在地法律等。

6.明确仲裁裁决的效力

一般情况下,各国都采取仲裁裁决是终局的规则,裁决对当事人具有约束力,当事人不能向法院起诉。但也有一些国家规定,当事人可以就仲裁裁决的程序问题向法院起诉。同时,为了消除或减少不必要的争议,需要明确仲裁裁决的效力。

(三)仲裁机构

1.国家或地区性仲裁机构

(1)伦敦国际仲裁院

1892 年,伦敦国际仲裁院成立,它是英国最重要的常设机构。它在处理海事争议方面具有较大优势,在该方面具有很强的专业性。

(2)斯德哥尔摩商会仲裁院

1917 年该仲裁院成立,该院在政治上履行中立政策,所以在冷战时期逐步发展为国际贸易纠纷解决的中心。该院具有制度完备、信誉良好的优势,并且该院不设立统一的仲裁员名单是其一大特点。

(3)美国仲裁协会

1926 年美国仲裁协会成立,该协会是非营利性的独立组织,其总部位于纽约。美国仲裁协会是世界上最大的民间仲裁机构,其仲裁员名单中包括六万多名仲裁员。

(4)香港国际仲裁中心

1985 年香港国际仲裁中心正式成立,因为香港具有的特殊地位,其在国际仲裁中受到较大的重视。

(5)中国国际经济贸易仲裁委员会及中国海事仲裁委员会

这是我国专门受理国际经济交往中发生的争议的两个常设仲裁机构。这两个机构分别制定了《中国海事仲裁委员会仲裁规则》《中国国际经济贸易仲裁委员会仲裁规则》作为其仲裁规则。

2.国际性仲裁机构

(1)国际商会仲裁院

国际商会仲裁院成立于 1932 年,其总部设立于法国巴黎。该仲裁院是首家将解决国际商事争议为创立主旨的仲裁机构,也是目前国际上受理和裁决国际商事争议最多的机构。

（2）解决投资争端国际中心

1966 年 10 月 14 日，在世界银行倡导下解决投资争端国际中心成立。该国际中心的总部设立于美国华盛顿，其主要处理的是关于国际投资的争端。

（四）涉外裁决的执行

我国仲裁法及相关规则规定，涉外仲裁委员会做出的裁决，对于有明确期限的，当事人需要在规定期限内履行裁决；对于没有明确期限的，当事人应该立即履行裁决。一方当事人不履行裁决的，另一方当事人有权根据我国相关法律法规的规定向人民法院申请强制执行；若被执行人或其财产不在中华人民共和国境内，当事人可以根据《承认及执行外国仲裁裁决公约》或中国缔结或参加的其他国际条约，向外国有管辖权的法院申请执行。

第三节　经济诉讼

经济诉讼，是指当事人依法将发生的争议请求法院运用审判权解决经济争议的一种方式。人民法院审理经济争议案件在程序上应依照《中华人民共和国民事诉讼法》（以下简称《民事诉讼法》）。

一、经济诉讼管辖

法院对经济诉讼的管辖，是指法院系统内各级和同级法院之间，在受理一审案件时的分工与处理权限的划分。我国的经济诉讼管辖主要包括以下几种。

（一）级别管辖

级别管辖是按照人民法院组织系统上下级别来划分对第一

审案件的管辖权。按照受理案件的性质、复杂度、社会影响力进行划分。

基层人民法院管辖除其上级法院管辖以外的所有第一审经济纠纷案件。

中级人民法院管辖重大涉外案件、在本辖区内产生重大影响的案件的第一审经济纠纷案件。

高级人民法院管辖在本辖区内产生重大影响的第一审民事案件。

最高人民法院管辖在全国范围内造成了重大影响的案件,以及最高人民法院认为应当由其审理的案件。

(二)地域管辖

地域管辖,是指按照地区对人民法院的管辖权进行明确和划分。我国人民法院的管辖区与行政区的划分一致。地域管辖可以分为以下几类。

1.一般地域管辖

一般地域管辖是按照当事人住所地行使管辖权。地域管辖一般遵循原告就被告的原则,即由被告住所所在地的人民法院进行管辖。若被告的住所地与常住地不同,则由被告常住地的人民法院管辖。若在同一诉讼中,几个被告的住所地、常住地在两个以上人民法院辖区的,则各人民法院都对其有管辖权。只有对居住地不在中国领域内、下落不明或宣告死亡的人提起有关身份的诉讼,以及对劳动教养的人、被监禁的人提起诉讼才由原告所在地或经常居住地人民法院管辖。

2.特别地域管辖

这是指将诉讼标的或诉讼标的所在地及被告住所地作为根据进行管辖权确定。特别地域管辖包括很多:因为合同纠纷而引起的诉讼,由被告住所地或合同履行地人民法院管辖;因保险合同纠纷提起的诉讼,由被告住所地或保险标的物所在地人民法院管辖;因铁路、公路、水上、航空运输和联合运输合同纠纷提起的诉讼,由被告住所地或运输始发地、目的地人民法院管辖等都属于特别地域管辖。

3.专属地域管辖

具有特殊性质的某些案件,必须由一定地区的人民法院管辖。属于专属地域管辖的包括:第一,因为不动产而提起的诉讼,需要由不动产所在地的人民法院管辖;第二,因为港口作业中发生纠纷提起的诉讼,需要由港口所在地的人民法院管辖;第三,因继承遗产纠纷提起的诉讼,需要由被继承人死亡时住所地或遗产所在地的人民法院管辖。

(三)协议管辖

协议管辖,是指当事人通过共同协商选择第一审案件由哪个人民法院管辖。协议管辖体现了对当事人意愿的尊重,一定程度上克服地方保护主义,促进审判的公正。

1.当事人可以选择与争议有关的人民法院

与争议有关的人民法院是指被告住所地、原告住所地、合同履行地、标的物所在地等人民法院。

协议管辖需要使用书面协议的形式,并且其不可以违反级别管辖和专属管辖的规定。

2.协议管辖具有一定的范围

国内协议管辖只适用于合同纠纷案件,并且法院的选择范围仅限于我国人民法院。涉外协议管辖,可以在我国人民法院与外国法院中进行选择,但有一些特殊案件只可以由中国人民法院管辖。例如在中国境内履行的中外合资经营企业合同、中外合作经营企业合同、中外合作勘探自然资源合同发生的纠纷提起的诉讼,就必须由中国的人民法院管辖。

(四)移送管辖及指定管辖

当人民法院受理经济纠纷案件后发现其不属于自己管辖时,需要将案件移送至对此有管辖权的人民法院。受移送的人民法院若认定该案件不在自己管辖范围内的,应上报上级人民法院,由其指定管辖。对案件有管辖权的人民法院因为特殊原因不能行使管辖权的,由上级人民法院指定管辖。

二、诉讼程序

(一)一审程序

一审程序,是指最初受理案件的法院审理案件时所用的程序。一审程序可以分三类,即普通程序、简易程序和特别程序。一审普通程序可分为以下三个阶段。

1.起诉和受理

按照相关法律规定,原告提出诉讼需要具备一定前提条件。第一,原告是与本案有直接利害关系的当事人;第二,案件有明确的被告;第三,有具体的诉讼请求和事实、理由;第四,案件属于人民法院受理的范围和受诉人民法院管辖。

起诉需要原告向人民法院提交起诉状,起诉状应明确包括以下内容:当事人的姓名、性别、年龄、民族、职业、工作单位和住所,法人或其他经济组织的名称、住所和法定代表人或主要负责人的姓名、职务;诉讼请求及其所根据的事实与理由;案件证据及其来源,证人的姓名和住所。并需要根据被告人数提供副本。人民法院在收到起诉状后进行审查,对符合条件的起诉在 7 日内立案,对不符合条件的起诉不予受理。

2.审理前的准备

人民法院在确认受理案件后,要在受理之日起的 5 日内将起诉状副本发送至被告,被告在收到起诉状副本之日的 15 日内可以向人民法院提交答辩状。人民法院收到被告的答辩状之日起的 5 日内要将副本发送至原告。若被告不发送答辩状并不会影响人民法院对案件进行审理。随后,人民法院要将当事人的相关权利和义务告知双方。人民法院组成针对该案件的合议庭,并在组成 3 日内将组成人员告知双方当事人。最后,审判人员对该案件的诉讼材料进行认真审核,并进行必要的调查,收集案件相关的必要证据。

3.开庭审理

人民法院对案件应该进行公开审理,但若案件涉及国家机密、个人隐私或是法律另有规定的情况则不进行公开审理。若案件当事人申请不进行公开审理,则进行不公开审理。

开庭审理主要包括四个阶段,即开庭准备、法庭调查、法庭辩论和宣告判决。一审判决在当事人收到判决书之日起 15 日后发生其法律效力。

(二)二审程序

当案件双方当事人其中任何一方对一审判决或裁定不满时,可以在相关法律规定的时间内,按照规定的程序再次提起上诉,上一级人民法院对该案件进行审理,这就称之为二审。二审程序就是指上一级人民法院对下级法院裁决的案件进行审理时的适用程序。

双方当事人任何一方对一审判决不满,不接受判决结果的,可以在判决书送达之日起的 15 日内向上一级人民法院再一次提起上诉。

该上诉需要向第一审人民法院提出,若当事人直接向第二审人民法院上诉的,第二审人民法院应该在收到上诉状之日起的 5 日内将该上诉状转交第一审人民法院。

一审人民法院在收到上诉状之日起的 5 日内应将副本送至对方当事人处,对方当事人可以在收到上诉状副本之日起的 15 日内提交其答辩状。人民法院应该在收到对方当事人的答辩状之日起 5 日内将答辩状副本送至上诉人处。一审人民法院在收到原审上诉状、答辩状后,应该在收到之日起的 5 日内将其与案卷及证据递交第二审人民法院。第二审人民法院对该案进行认真地审查,经过严谨地审理后,对案件进行判决,可以维持原判、依法改判或发回重审。若二审判决结果为发回重审,当事人可以进行上诉。二审判决、裁定为最终判决、裁定,判决书从送达当事人之日起即刻生效。

(三)审判监督程序

发现已经发生法律效力的判决、裁定中有错误的,进行案件的重新审理,这种纠正判决错误的程序即为审判监督程序。

可以通过以下几种途径提起审判监督。

第一,各级人民法院的院长,在发现本院已经做出的判决、裁定并已经生效,其中存在错误的,可以提起再审。再审决定由本院的审判委员会做出。

第二,最高人民法院对各级人民法院、上级人民法院对下级人民法院做出的已经生效的判决、裁定,发现其中存在错误的,可以进行提审,或者指令下级人民法院对该案件进行再审。

第三,最高人民检察院对各级人民法院、上级人民检察院对下级人民法院已经生效的判决、裁定,发现有《民事诉讼法》第一百七十九条规定情形之一的,应该对案件审判结果提出抗诉。

对于人民检察院提出抗诉的案件,接受该抗诉的人民法院应该在收到抗诉书之日起的 30 日内对该案件进行再审并进行裁定。对于以下法定情形,可以向下一级人民法院提出再审;发现可以推翻原判决、裁定的新证据;原判决、裁定认定的基本事实并没有充足的证据支持；支持原判决、裁定认定事实的主要证据为伪造证据；原判决、裁定认定事实的主要证据是没有经过质证的；当事人因为客观原因不能自行收集的，而审理案件对此有需求的证据，当事人书面申请法院对这些证据进行调查收集，人民法院并没有执行的。

第四，对于经过人民法院的审理，已经生效的判决、裁定，如果符合以下法定情形，当事人可以提起再审，人民法院也应该对请求进行受理：有可以推翻原判决、裁定的新证据的；原判决、裁定认定的基本事实并没有充足的证据支持的；证明原判决、裁定认定事实的主要证据为伪造证据的；原判决、裁定认定事实的主要证据是没有经过质证的；当事人因为客观原因不能自行收集的，而审理案件对此有需求的证据，当事人书面申请法院对这些证据进行调查收集，人民法院并没有执行的；违反相关法律规定，当事人的辩论权利被剥夺的；没有经过传票传唤，缺席案件判决的；原判决、裁定存在遗漏，或原判决、裁定超出了诉讼请求范围的；进行原判决、裁定所依据的法律文书被撤销或发生变更的。对于违反相关法律程序，对案件的判决、裁定的正确性产生了影响的，或是案件审判人员在对案件进行审理时存在贪污受贿、徇私舞弊等行为的，人民法院应该进行再审。

对于已经生效的法院判决、裁定，当事人认为其存在错误的，可以申请原审人民法院对案件进行再审，也可以向上一级人民法院提出再审请求，但不可以擅自停止对原判决、裁定的执行。

对于已经生效的法院调解书，当事人如果可以通过有效证据证明其违反自愿原则的，或证明其内容存在违法情形的，可以提出再审申请。

当事人申请案件再审的，需要提交再审申请书及其他相关材料。人民法院应该在收到再审申请书之日起 5 日内将其副本发送至对方当事人处。对方申请人应该在收到再审申请书副本之日起的 15 日内向法院提交书面意见。若对方申请人并未提交书面意见，人民法院的审查不受到影响。人民法院可以根据情况要求当事人提供相应的补充材料,并可以询问其相关事项。

人民法院在收到再审申请书之日起 3 个月内对案件进行审查,如符合相关法律对再审申请的法定情形的,裁定对案件进行再审;若经审查判断不符合相关法律规定情形的,驳回其申请再审请求。如有特殊情况需要延长裁定时间的,需要本院院长批准。

当事人要对案件申请再审的,需要在判决、裁定生效后的 2 年内提出;原判决、裁定在生效的 2 年后,当作原判决、裁定的根据的法律文书被撤销或者发生变更的,或者当事人发现审判人员在对该案件进行审理时存在贪污受贿、徇私舞弊、枉法裁判行为的,自知晓之日或应当知晓之日起的 3 个月内可以提出再审申请。

在进行再审案件的审理时,人民法院应该另行组建合议庭。按照审判监督程序进行案件的再审,由第一审人民法院做出具有法律效力的判决、裁定,按照一审程序对案件进行审理,当事人可以进行上诉;由第二审人民法院做出具有法律效力的判决、裁定,按照二审程序对案件进行审理,当事人不可以对判决、裁定进行上诉。一方当事人若不履行判决、裁定,另一方当事人有权向人民法院提出申请要求强制执行。

督促程序又叫支付令程序,这是指债权人向人民法院提出申请,人民法院要求债务人向债权人给付金钱或有价证券的,不经过人民法院的审理,直接要求债务人进行给付的程序。

申请支付的条件是:

第一,支付令适用于给付金钱或有价证券;

第二,债权人与债务人之间不存在除此以外的债务纠纷,没有抵销关系;

第三,支付令可以确实送至当事人处。

人民法院对债权人的申请确认受理后,需要对债权人提供的相关证据和事实进行认真地审查,若债权债务关系明确、合法,应该在确认受理后的 15 日内向债务人发出支付令;经过审查发现申请不成立的,人民法院对申请裁定驳回。债务人应该在收到支付令之日起 15 日内对其债务进行清偿,或者向人民法院提出书面异议。若债务人在法律规定期间内不履行支付令,也不提交书面异议,债权人有权向人民法院提出申请进行强制执行。

公示催告程序,是指票据支付地基层人民法院根据可以背书转让的票据持有人的申请,通过公示的方式,对不明的票据关系当事人进行公示催告,要求当事人在人民法院指定的期限内向其申请票据权利,若票据逾期无人申报,人民法院会对该票据做出宣告票据无效的判决。

(四)财产保全与先予执行程序

1.财产保全

这是指在当事人起诉前,或人民法院受理后判决前,按照当事人的申请或是判断有必要的时候,判断案件的判决可能会因为一方当事人的行为或其他原因,不能或是难以顺利执行时,做出财产保全的裁定,以此保证法院的裁决可以顺利执行。

人民法院采取保全措施,有权要求当事人提供相应担保,若当事人不按要求提供担保,法院驳回申请。申请人在人民法院采取保全措施之日起 15 日内不进行起诉的,或被申请人按照规定提供担保的,人民法院会对保全措施进行解除。若因为申请人的错误采取了保全措施,对被申请人造成损失的,申请人应该按规定进行赔偿。

2.先予执行

这是指人民法院在受理案件后做出判决前,按照一方当事人的申请,裁定另一方当事人事先给予对方一定财物,或裁定另一方当事人的某些作为或不作为的程序。人民法院在裁定先予执行前,可以要求当事人提供相应的担保,若当事人不按要求提供担保,法院对其申请进行驳回处理。若申请人败诉,需要向被申请人因先予执行造成的财产损失进行赔偿。

先予执行的条件是：

第一，当事人按照规定程序向人民法院提出申请；

第二，申请人与被申请人之间的权利和义务关系明确；

第三，不进行先予执行会对申请人的生活或其生产经营产生严重影响；

第四，被申请人拥有先予执行的履行能力。

申请先予执行的范围：

第一，对赡养费、抚育费、医疗费用、抚养费及抚恤金进行追索的；

第二，对劳动报酬进行追索的；

第三，根据当时情况判断属于紧急情况需要进行先予执行的。例如追索货款、追索急需的图纸和资料、追索赔偿费用、追索一方重大违约给另一方造成重大损失急需的赔偿等。

(五)强制执行程序

强制执行是指人民法院的执行机构按照已经生效的法律文件，在当事人不自觉履行其义务时，通过国家的强制力来保证和实现当事人权利、义务的一种行为。

1.人民法院强制执行的根据

人民法院按照以下法律文书进行强制执行。

第一，人民法院依法做出的民事判决书、调解书、裁定书、支付令以及罚款决定书；

第二，人民法院依法做出的包含财产内容的刑事判决书、裁定书；

第三，人民法院依法做出的承认和执行外国法院、外国仲裁机构的裁定书；

第四，仲裁机构依法做出的裁决书、调解书；

第五，行政机关依法做出的由人民法院进行执行的决定书；

第六,公证机关依法做出的具有强制执行效力的债权文书。

2.强制执行措施

强制执行措施主要包括以下内容。

第一,对被执行人的相关存款进行有效地查询、冻结和划拨;

第二,对被执行人拥有的财产进行依法查封、扣押、冻结、拍卖及变卖;

第三,对被执行人及其住所或财产隐匿地进行依法搜查;

第四,强制执行被执行人交付法律文书指定交付的财物或票证;

第五,对被执行人拥有的房屋进行强制迁出房屋或对于其拥有的土地进行强制退出;

第六,强制被执行人完成判决、裁定和其他司法文书指定的行为,并且因此产生的费用由被执行人自行承担;

第七,强制被执行人对其延期履行给付金钱债务产生的利息进行加倍支付,强制被执行人支付未在指定的期限内履行其他义务的迟延履行金;

第八,其他相关法律措施。

3.强制执行的法院

根据当时实际情况的需要,人民法院可以依法设立执行机构,对于已经生效的民事判决、裁定,以及已经生效的刑事判决、裁定中有关财产的部分,由第一审人民法院或与其同级的被执行的财产所在地人民法院执行。

4.申请强制执行的期限

申请强制执行的期限为 2 年。规定的 2 年期间,自法律文书规定履行期间的最后一日起开始计算;法律文书中规定进行分期履行的,从规定的每次履行期间的最后一日起计算;法律文书未对履行期间进行具体规定的,从法律文书发挥其法律效力之日起计算。申请执行时效的中止、中断,适用法律有关诉讼时效中止、中断的规定。

人民法院从收到申请执行书之日起 6 个月仍未对申请执行的,申请人有权向上一级人民法院进行强制执行申请。上一级人民法院对申请进行审查,可以责令原人民法院在其规定期限内执行申请,或者可以由本院对申请进行执行,也可以指令其他人民法院执行申请。

5.强制执行异议

若当事人或利害关系人认为该执行行为不符合相关法律规定,有权向负责执行申请的人民法院提出书面异议。人民法院在收到书面异议之日起 15 日内对异议进行严格审查,若判断异议成立,则裁定撤销或改正执行申请;若判断异议不成立,则裁定驳回异议。当事人、利害关系人对裁定不服的,有权在裁定送达之日起 10 日内向上一级人民法院申请复议。

(六)涉外经济诉讼程序

对于涉外经济诉讼,我国有以下特别规定。

第一,进行涉外经济诉讼时,优先适用我国缔结和参加的国际公约。如果我国缔结和参加的国际公约与我国民事诉讼法的规定有所不同的,按照国际公约处理。但相关的保留项目除外。

第二,我国人民法院进行涉外民事案件的审理时,应该使用我国通用的语言和文字。

第三,外国当事人委托律师代理其在我国法院提起诉讼、应诉的,其委托的对象必须是中国律师。

第四,因合同纠纷或其他财产权益纠纷对在我国境内没有住所的被告提起诉讼的,可以由合同签订地、合同履行地、诉讼标的物所在地、可供扣押财产所在地、侵权行为地或代表机构住所地人民法院管辖。也可以通过当事人的书面协议选择与争议有实质性联系的地点的人民法院管辖,但是必须保证在级别管辖和专属管辖的规定范围内。

第五，对于合同中有关于仲裁条款或事后达成仲裁协议的涉外经济贸易、运输和海事中发生的纠纷，提交中国涉外仲裁机构或其他机构进行仲裁的，不可以向中国人民法院提起诉讼。

第六，按照我国缔结或参加的国际条约，或者按照互惠原则，我国法院和外国法院可以相互请求协助代为送达文书、调查取证以及进行其他诉讼行为。但是外国法院提出的协助请求会损害我国的主权、安全或社会公共利益的，我国人民法院不提供相关协助。

第四节　案例分析

一、案例一

某市一家食品厂商与另一市某高级商场签订了一份长期供货合同。在合作初期，该食品厂可以按照合同规定按期交付约定的货物。但是后来因为受到外部环境的冲击，该食品厂的经济效益出现下滑。同时该厂的机械设备老化，导致其生产的产品质量也有所下降。所以其提供给合作商场的产品中存在大量次品，这就导致大量消费者对此提起投诉，使得该商场的经济效益下降，对该商场造成的直接经济损失约合 15 万元人民币。商场与食品供应厂商进行了多次交涉，但是就损害赔偿的具体数额并不能达成一致意见，随后经过双方的协商，决定将该合同纠纷提交某市仲裁委员会仲裁，双方签订了仲裁协议。

问题：

1. 若在双方签订了仲裁协议后，商场认为该仲裁协议不具有法律效力，因此双方当事人发生争议，那么相关当事人应该向什么机构寻求帮助？

2.若在仲裁的过程中,仲裁委员会判定双方当事人签订的买卖合同没有法律效力,那么仲裁委员会可否将双方当事人就该合同纠纷签订的仲裁协议作为根据继续进行仲裁?

3.若仲裁委员会在做出仲裁裁决后,食品厂商对该仲裁裁决不满,能否向人民法院提起诉讼? 能否向人民法院提起上诉?

4.若食品厂商认为仲裁委员会的仲裁裁决所依据的证据是伪造的,在仲裁委员会做出裁决后,食品厂商应该采取什么行动?

5.仲裁委员会对该纠纷进行仲裁时,进行不公开仲裁,是否符合法定程序的规定?

6.若仲裁委员会对该纠纷做出裁定,裁定食品厂向商场进行10万元的损失赔偿,但是食品厂商并没有履行该仲裁裁决,商场方应该如何处理?

7.若食品厂商不履行裁决,商场向人民法院申请强制执行后,食品厂向法院提交证据证明仲裁裁决认定事实的主要证据不足,人民法院就该行为应当如何处理?

回答:

1.当事人可以将仲裁协议提交仲裁委员会请求仲裁,也可以直接就该纠纷向人民法院提起诉讼。若该纠纷的一方当事人申请仲裁,另一方当事人提起诉讼的,则需要由人民法院裁定其法律效力。

2.仲裁委员会可以就该仲裁协议继续进行仲裁。双方签订的原买卖合同并不影响仲裁委员会进行仲裁,双方签订的仲裁协议仍具有法律效力。

3.我国仲裁裁决实行一裁终局制度。仲裁委员会做出裁决后,当事人不可以就同一案件进行再次起诉或上诉,也不可以申请再次仲裁。

4.当事人可以向仲裁委员会所在地的中级人民法院提出撤销仲裁裁决的申请。

5.该程序符合法律规定。仲裁一般情况下都是不公开进行的,但如果当事人申请公开时可以进行公开仲裁。但有特殊规定的情况不可以进行公开仲裁。

6.商场应该向食品厂商所在地或食品厂商财产所在地人民法院提出申请,要求强制执行。

7.人民法院对食品厂提交的证据进行审查,判断情况属实的,法院裁定强制执行申请不予执行;判断情况不属实的,法院驳回食品厂申请。

二、案例二

甲工厂与乙公司签订了一份加工承揽合同,合同约定 6 个月后,甲工厂将货品交付乙公司,乙公司在收到货品后的 1 个月内付清合同约定款项。6 个月后,甲工厂按照合同约定将货品交付于乙公司,但是乙公司没有按照约定的时间将约定的货款交付甲工厂,拖欠近 4 个月。甲工厂就拖欠货款事项多次找乙公司进行沟通,要求其支付货款并赔偿其损失。乙公司则称甲工厂提供的货品质量不合格,坚持不予支持。随后双方当事人经协商达成书面仲裁协议。一周后,甲工厂向协议书约定的仲裁委员会申请仲裁,乙公司向合同履行地人民法院提起诉讼,人民法院未予受理。

问题:

1.本例中的纠纷案件应该由哪个机构受理?

2.双方当事人在纠纷发生后达成的书面仲裁协议是否成立?

3.若乙公司认为双方达成的仲裁协议无效,那么由哪个机构对此进行裁定?

回答:

1.仲裁委员会可以受理此案。《仲裁法》第五条规定,双方当事人就纠纷达成仲裁协议后,若一方当事人向人民法院起诉的,人民法院不予受理,除仲裁协议无效的情况。在本案中,双方当事人已经达成书面仲裁协议,所以人民法院不受理乙公司提出的起诉,仲裁委员会可以受理此案。

2.双方当事人在纠纷发生后达成的书面仲裁协议成立。《仲裁法》第十六条规定,仲裁协议可以是当事人签订的合同中关于仲裁的条款,也可以是在纠纷发生前或发生后双方通过其他方式签订的书面仲裁协议。所以,该案中的书面仲裁协议成立。

3.《仲裁法》第二十条规定,若一方当事人对仲裁协议的效力存在质疑的,可以向仲裁委员会提出申请对此进行决定,也可以向人民法院申请做出裁定。所以,本案中乙公司认为仲裁协议无效,可以向仲裁委员会或人民法院提出申请,就此作出判断。

三、案例三

赵某与康某协商共同出资成立公司,协议中约定康某出资24.5万元,并于3月15日前支付,若到期并未支付需要支付相应的违约金等。随后,康某未能在约定日期前提供约定资金。就此,赵某向人民法院起诉,要求康某承担应付违约金。

人民法院就此案进行审理后认定:赵某未履行其开设账户的义务,导致康某约定提供的资金未能按期支付,所以不可以认定被告的行为属于违约。双方在该合作协议中就相关约定不明确,所以对于导致的纠纷双方均有责任,判决驳回赵某的诉讼请求。法院判决生效后,赵某开设了临时账户,并将其账户告知康某要求其支付投资款。康某就此回函,表示因为赵某就当前的协议起诉,因此协议被单方终止。赵某随后向人民法院起诉,要求法院判决解除双方所签协议,并要求康某承担违约责任。法院就该起诉进行审查并判断:本次起诉中的纠纷已经通过法院审理做出民事判决,并判决已经生效,所以原告就同一事实再次起诉法院不再受理。若赵某对原判决存在异议,可以通过审判监督程序申请再审,故裁定驳回原告的起诉。

问题:

赵某第二次起诉是否属于以同一事实再次起诉?

回答:

《民事诉讼法》中规定,当事人就已经生效的法院判决、裁定进行再次起诉的,法院应告知其按申诉处理,但法院准许撤诉的情况除外。这也就是所谓的一事不再理原则。该原则包含以下两方面的内容。

第一,当事人对已经向人民法院起诉的案件不可以再次起诉;

第二,案件在判决生效后便产生既判力,当事人不可以就双方当事人产生争议的法律关系再行起诉。

在案件经过法院的第一次判决后,赵某开设了临时账户,明确了原协议中未明确的部分,消除了康某无法支付投资款的因素。但此时康某依旧拒绝履行其支付投资款的义务,这时便产生了新的事实。所以赵某第二次起诉的理由与第一次并不相同。除此以外,赵某第二次起诉提出的诉讼请求也与第一次不同。所以可以判断赵某先后两次起诉并不是就同一法律事实进行起诉,所以一事不再理的原则并不能适用于赵某的第二次诉讼,法院驳回原告起诉并不正确。

参考文献

[1]漆多俊.经济法基础理论[M].北京:法律出版社,2017.

[2]杨映忠,孙顺强,刘新智.经济法[M].北京:清华大学出版社,2015.

[3]华国庆.经济法学[M].北京:法律出版社,2016.

[4]王学英.经济法概论[M].上海:立信会计出版社,2016.

[5]张春燕.经济原理与案例研习[M].北京:中国法制出版社,2016.

[6]程南.经济法案例法律适用研究[M].北京:法律出版社,2016.

[7]胡智强,颜运秋.经济法[M].北京:清华大学出版社,2014.

[8]梁鑫.经济法[M].北京:清华大学出版社,2014.

[9]赵威.经济法[M].北京:中国人民大学出版社,2014.

[10]史际春.经济法[M].北京:中国人民大学出版社,2014.

[11]刘文华.经济法[M].北京:中国人民大学出版社,2012.

[12]杨紫烜.经济法[M].北京:北京大学出版社,2014.

[13]曾咏梅,王峰.经济法[M].武汉:武汉大学出版社,2012.

[14]谭伟君,郭峰.经济法原理与实务[M].哈尔滨:哈尔滨工业大学出版社,2011.

[15]杨士富,刘晓善.经济法原理与实务[M].北京:中国林业出版社,北京大学出版社,2007.

[16]何颖,郭大勇.经济法[M].北京:中国政法大学出版

社,2009.

[17]史际春,邓峰.经济法总论[M].北京:法律出版社,2008.

[18]史际春.经济法总论[M].北京:法律出版社,2000.

[19]漆多俊.经济法基础理论[M].武汉:武汉大学出版社,2008.

[20]潘静成,刘文华.经济法[M].北京:中国人民大学出版社,2012.

[21]杨紫炬.经济法[M].北京:北京大学出版社、高等教育出版社,2010.

[22]王保树.经济法原理[M].北京:社会科学文献出版社,2004.

[23]刘瑞复.经济法学原理[M].北京:北京大学出版社,2013.

[24]徐孟洲,徐阳光.税法[M].北京:中国人民大学出版社,2012.

[25]刘剑文.税法专题研究[M].北京:北京大学出版社,2007.

[26]徐孟洲.金融法[M].北京:高等教育出版社,2012.

[27]吴志攀.金融法概论[M].北京:北京大学出版社,2011.

[28]上海社会科学院法学研究所.经济法[M].上海:知识出版社,1982.

[29]张士元.企业法[M].北京:法律出版社,2007.

[30]刘剑文.财政税收法[M].北京:法律出版社,2009.

[31]刘剑文,熊伟.财政税收法[M].北京:法律出版社,2009.

[32]刘隆亨.中国税法概论[M].北京:北京大学出版社,2003.

[33]强力.金融法[M].北京:法律出版社,2004.

[34]朱大旗.金融法[M].北京:中国人民大学出版社,2007.

[35]王先林.知识产权与反垄断法:知识产权滥用的反垄断问题研究(修订版)[M].北京:法律出版社,2008.

[36]李扬.中国金融改革研究[M].南京:江苏人民出版社,1999.

[37]肖国兴,肖乾刚.自然资源法[M].北京:法律出版社,1999.

[38]史际春,等.反垄断法理解与适用[M].北京:中国法制出版社,2008.

[39]国家工商行政管理局条法司.现代竞争法的理论与实践[M].北京:法律出版社,1993.

[40]吴炯.维护公平竞争法[M].北京:中国人事出版社,1991.

[41]阮方民.欧盟竞争法[M].北京:中国政法大学出版社,1998.

[42]王长河,周永胜,刘风景.日本禁止垄断法[M].北京:法律出版社,1999.

[43]鲁篱.中国经济法的发展进路:检视与前瞻[J].现代法学,2013(4).

[44]赵大华.论经济法中权利主体的经济法律责任[J].法商研究,2016(5).

[45]刘大洪,段宏磊.谦抑性视野中经济法理论体系的重构[J].法商研究,2014(6).

[46]陈云良.从授权到控权:经济法的中国化路径[J].政法论坛,2015(2).

[47]焦海涛.经济法主体制度重构:一个常识主义视角[J].现代法学,2016(3).